SpEcial
Education

教师教育精品教材

特殊教育专业系列

"十二五"
国家重点图书

特殊儿童家庭教育

江琴娣　编著

华东师范大学出版社
·上海·

图书在版编目(CIP)数据

特殊儿童家庭教育/江琴娣编著. —上海:华东师范大
学出版社,2015.3
教师教育精品教材.特殊教育专业系列
ISBN 978-7-5675-3222-9

Ⅰ.①特… Ⅱ.①江… Ⅲ.①儿童教育－特殊教育－
家庭教育－师范大学－教材 Ⅳ.①G78

中国版本图书馆 CIP 数据核字(2015)第 054017 号

教师教育精品教材　特殊教育专业系列

特殊儿童家庭教育

编　　著　江琴娣
责任编辑　吴海红
审读编辑　梁志高
责任校对　胡　静
装帧设计　卢晓红

出版发行　华东师范大学出版社
社　　址　上海市中山北路 3663 号　邮编 200062
网　　址　www.ecnupress.com.cn
电　　话　021－60821666　行政传真 021－62572105
客服电话　021－62865537　门市(邮购)电话 021－62869887
地　　址　上海市中山北路 3663 号华东师范大学校内先锋路口
网　　店　http://hdsdcbs.tmall.com

印 刷 者　常熟市文化印刷有限公司
开　　本　787毫米×1092毫米　1/16
印　　张　9.25
字　　数　161千字
版　　次　2015 年 10 月第 1 版
印　　次　2024 年 2 月第 8 次
书　　号　ISBN 978－7－5675－3222－9/G·8036
定　　价　21.00 元

出 版 人　王 焰

目录

第一章　绪　　论

教育不仅仅是学校的职责,在儿童成长中,家庭的责任不可缺少。因此,教育除了学校教育外,还需要家庭教育。家庭教育在造就人才的启蒙教育和全人生指导的终身教育中,具有无可替代的独特作用。本章阐述了家庭教育的基本概念、产生和发展、目的和内容以及家庭教育的特点和影响家庭教育的因素。

第一节　家庭教育概述

家庭是儿童最初生活和成长的场所。家庭所实施的教育与学校教育是不同的,它根据儿童发展的需求和家庭的需求来确定教育目的和内容。

一、家庭教育的涵义

家庭是在社会发展到一定历史阶段而产生的,并随着社会的发展而发展。家庭作为一种独立的社会组织形式,承担着众多的社会职能,教育是家庭的重要职能。

对于家庭教育的概念,研究者对它的定义有所不同。在《中国大百科全书·教育》中,家庭教育被定义为"父母或其他年长者在家庭内自觉地、有意识地对子女进行的教育"[1]。这里强调家庭教育是家长有意识的行为。而其他学者对家庭教育的理解更为宽泛。在《教育大辞典》中,家庭教育被定义为"家庭成员之间的相互教育。通常多指父母或其他年长者对儿女辈进行的教育"[2]。赵忠心认为,家庭教育有广义和狭义两种概念。狭义的家庭教育就是按照传统的定义,是指在家庭生活中,由家长,即由家庭里的长者(其中主要是父母)对其子女及其他年幼者实施的教

---

[1] 《中国大百科全书·教育》,中国大百科全书出版社 1985 年版,第 140 页。
[2] 《教育大辞典》第 1 卷,上海教育出版社 1990 年版,第 11 页。

育和影响。广义的家庭教育,应当是家庭成员之间相互实施的一种教育[①]。邓佐君认为,家庭教育是在家庭生活中发生的,是以亲子关系为中心,家庭(主要是指父母)对个体(一般指儿童、青少年)产生的影响作用[②]。这些对于家庭教育的定义,不仅把家长的有意识行为看作家庭教育,也把家长对子女无意识的影响过程看作是家庭教育。因此,家庭教育是指在一定的家庭文化背景下,家庭对个体产生的影响作用。这种影响作用往往是家庭成员间互动的结果,即父母与子女的双向沟通、相互影响。家庭教育是学校教育的基础,是对学校教育的配合与补充,其最终目的是与学校教育合力将儿童和青少年培养成符合国家教育目标的人才。在本书中,我们所要探讨的家庭教育,就是父母对子女、年长者对年幼者实施的教育。

二、家庭教育的产生和发展

家庭教育作为家庭的一种基本职能是随着家庭的产生而产生,随着家庭的发展而发展。随着社会物质生活条件的发展变化,家庭的形态、结构和性质在不断地发展变化,人类社会的家庭教育也在不断地发展变化。

(一) 家庭教育的产生

著名人类学家摩尔根根据研究成果指出:"家庭,是一个能动的因素;它从来不是静止不动的,而是随着社会从较低阶段向较高阶段的发展,从较低形式进行到较高的形式。"恩格斯按照摩尔根的意见,把人类家庭的发展概括为血缘家庭、普那路耶家庭、对偶家庭和一夫一妻制家庭等四种形式[③]。

1. 血缘家庭

在这一阶段中,人类的两性关系有了简单的限制,即婚姻集团是按照辈数来划分的,同辈分男女互为夫妻,没有近亲限制,它仅仅排除了祖先和子孙之间、双亲和子女之间互为夫妻的权利和义务。这种"同辈而婚"的婚姻,就构成了人类社会最古老的家庭形态——"血缘家庭"。这是群婚制家庭的初级形式。

2. 普那路耶家庭

"普那路耶"在夏威夷语中即亲密伙伴之意,因此又可称之为"伙婚家庭"。这是群婚制的高级形式。处在这一发展阶段上的家庭,已经排除同一血统兄弟和姐妹之间的相互性交关系,由内婚制变为外婚制。这种婚姻形成的家庭,人们称之为

---

① 赵忠心:《家庭教育学》,人民教育出版社 2001 年版,第 5 页。
② 邓佐君:《家庭教育学》,福建教育出版社 1995 年版,第 7 页。
③ 《马克思恩格斯选集》第 4 卷,人民出版社 1972 年版,第 25—71 页。

"普那路耶家庭"。按照摩尔根的说法,这一进步可以作为"自然选择原则是怎样发生作用的最好例证"。因为,"没有血缘亲属关系的氏族之间的婚姻,创造出在体质上和智力上都更强健的人种"①。

在这种群婚制家庭进行的教育,仍不是真正意义上的家庭教育。因为群婚,无论是血缘家庭还是普那路耶家庭,从严格意义上讲都不能算作家庭。那时的人们仍生活在群体之中,而家庭和群体是对立的,是两种完全不同的生活单位。这种所谓的"家庭教育",还是公共教育,即社会教育。

3. 对偶家庭

"对偶家庭"出现在蒙昧时代和野蛮时代相交时期。这种家庭是由父权维系的若干代近亲构成,包括一个父亲所生的数代子孙和他们的妻子,规模相当大,每"家"常有百人或数百人之多。这种家庭开始摆脱群婚状态,一个较固定的男子和一个较固定的女子在或长或短的时间内共同生活。人的一生中,可以有几个、几十个甚至上百个临时结合起来的配偶。在众多配偶中,有"主夫"和"主妻"之分。在对偶婚制阶段,由于人们有了主要的、比较稳定的配偶,子女既能确认自己的生母,辨认自己的父亲也有了可能。

尽管如此,由于生产力发展水平所限,人们仍旧不可能单独抚养、教育自己的子女,新生一代还是由这种大家庭里的成年妇女共同抚养、管理、教育。那时的"母亲把共同家庭的一切子女都叫做自己的子女,对于他们都负担母亲的义务"②。这种教育虽然也是"家庭教育",但仍然具有很浓的公共教育的意味,还不是我们所说的真正意义上的家庭教育,本质上仍旧是一种社会教育。

4. 一夫一妻制家庭

这种家庭出现在野蛮时代的中级阶段和高级阶段交替的时期。随着私有制的产生和"母系制"的瓦解,"父系制"的确立而从对偶家庭中产生的,它的最后胜利乃是文明时代开始的标志之一。新的社会经济的发展,家庭中关系的变化,要求一种与私有制相适应的家庭形式,于是,一夫一妻制家庭便应运而生。

家庭形态的性质变化,决定家庭教育性质的变化。恩格斯说:"一夫一妻制不是以自然条件为基础,而以经济条件为基础,即以私有制对原始的自然长成的公有制的胜利为基础的第一个家庭形式。"③这种家庭的出现,"其明显的目的是生育确

① 《马克思恩格斯选集》第4卷,人民出版社1972年版,第33页。
② 赵忠心:《家庭教育学》,人民教育出版社2001年版,第53页。
③ 赵忠心:《家庭教育学》,人民教育出版社2001年版,第55页。

定性;而这种确定性之所以必要,是因为子女将来要以亲生的继承人的资格继承他们父亲的财产"①。由此看来,一夫一妻制家庭的出现,以维护和继承私有财产为目的或前提,以私有为家庭关系的核心。那么,社会发展到这一阶段,新生一代由过去的公共大家庭公有,转变为个体家庭私有,对新生一代的抚养教育,也由大家庭成员共同承担,转交给个体家庭,由孩子的生身父母单独进行。这样,家庭教育就由公共教育变为一种私人教育。我们所说的家庭教育,就是指这种一夫一妻制的个体家庭对其子女实施的教育。

(二) 古代社会的家庭教育

随着私有制的出现和阶级的产生,人类进入阶级社会,家庭教育也打上了阶级的烙印。

奴隶社会是一个以公开的不平等和最直接、最残酷的奴役形式而出现的阶级社会,封建社会则在自然经济的基础上建立了一个以宗法关系为纽带的等级制度。这两个社会形态虽在生产力、生产关系及其上层建筑上有许多不同,但在等级压迫、人身依附及血缘宗法关系的维系方面有不少相似或相通之处,在家庭教育方面也相应地具有共同的特点。

奴隶社会和封建社会家庭教育最鲜明的特点,是贯穿着人身依附和宗法等级关系。阶级不同、等级不同,家庭教育的形式、目标和内容也不同。中国夏、商、周三代的统治阶级,他们的家庭教育目的是为了培养能够镇压奴隶的统治人才;教育内容是学习奴隶社会的生活方式和社会秩序,区别贵贱尊卑等。而平民阶层的子女,只能在自己家里,结合日常生活、劳动向父母及其他年长者学习他们所从事职业的知识技能。在中国封建社会,宗法等级分明,按家庭不同的社会地位分,"主要有帝王家教,高层官僚地主家庭,中下层官僚地主家教,名儒家教、科学家家教、文学家家教。各阶层家教虽然都以儒家伦理道德为主导思想,但各有其侧重点。如帝王家教着重教子治国之德与才;高官家教则教子从政道德和技能以及高层家庭成员的为人处世之道;中下层官僚地主主要教子从政、为学、为人之方;名儒、科学家等学者则教子以文化和专业知识"②。

奴隶社会和封建社会家庭教育的另一特点,是以道德教育尤其是家庭伦理道德的教育为首要内容。中国奴隶社会的家庭教育,同学校教育一样,以"礼、乐、射、

---

① 赵忠心:《家庭教育学》,人民教育出版社 2001 年版,第 55 页。
② 马镛:《中国家庭教育史》,湖南教育出版社 1997 年版,第 2 页。

御、书、数"等所谓"六艺"为主要内容;德育居于首位,而且渗透于其他各项内容之中。中国历代封建士大夫都把"齐家"与"治国平天下"想提并论,而"齐家"也好,"治国平天下"也好,都与"修身"息息相关。因此,以"三纲五常"为核心的封建伦理、男尊女卑、轻视劳动人民等封建思想观念成为封建社会家庭教育的主要内容。

古代社会的家庭教育,尤其是中国奴隶社会和封建社会的家庭教育,明显地打上了剥削阶级的印记,带有那个时代统治阶级对自己后代的思想道德、言行举止、学问能力诸方面的特殊要求,而且在封建家长制的条件下,家庭教育难免带有专制的色彩,对此,我们必须加以分析批判;但其中也有不少体现本民族优秀文化传统的东西,即使在今天还是有启发、教育意义,需要我们认真总结,发扬光大。

(三) 现代社会的家庭教育

随着社会化生产力的发展,封建社会的自然经济逐渐解体,18 世纪后半叶和 19 世纪前半叶,英国、法国等资本主义国家先后进行了工业革命。工业革命标志着资本主义机器大工业生产代替了资本主义手工业生产。第二次世界大战以后,社会生产向现代化发展,科学、技术与生产日益一体化,教育的发展进入现代化的新时期。因此,现代社会的家庭教育也在不断变化,反映了生产现代化这一人类社会发展趋向的需要。

1. 家庭教育与社会需求相适应

社会化的机器大工业生产的出现、现代科学技术的突飞猛进,使社会人才竞争日益加剧。人们已愈来愈深切地感受到,教育带给人们不仅仅是知识和文化素养,而且还赋予人们生产能力和职业竞争能力。广大家长力求子女适应社会需要,望子成才心切,重视教育,重视家庭智力投资者越来越多。

2. 家庭教育与学校教育相配合

由于教育的逐步普及,适龄儿童普遍入学,接受一定年限的学校教育。但在当今社会,由于现代科技的发展,各种获取信息的渠道畅通,学校面临着来自多方面的压力和挑战,这就迫使学校由过去的封闭状态走向开放,寻求来自社会多方面力量的支持和配合。家庭作为儿童教育过程中的主要力量,与学校的合作更是受到广泛的重视,同时,家庭为弥补学校集体教育的不足,也积极主动地配合学校。家庭教育和学习教育在共同的目标下紧密配合,相互促进,保证了儿童青少年的健康成长。

3. 家庭教育受教育科学的指导

长期以来,家庭教育基本上处于自发的状态。绝大多数家长的教育观念、教育态度、教育方式,都是从祖辈、父辈那里因袭下来的。传统的家庭教育,有丰富的值得继承和发扬的好经验,但也不乏陈旧、保守、落后,与现代社会要求不相适应的东西。随着社会的进步,家长对子女期望的提高,学校对家庭教育指导的加强,父母及其他年长者的教育观、儿童观逐渐地发生变化,"科学育儿"的观念为愈来愈多的家长所接受,学习教育科学、接受教育科学的指导,成了广大家长的要求。

三、家庭教育的目的和内容
(一) 家庭教育的目的

教育目的是指规定教育要实现的结果或要达到的目标。家庭教育的目的是通过家庭教育活动和家庭教育的全过程,要把受教育者培养成什么样的人。它是家庭教育的指导思想、方向、出发点和归宿,具有客观存在性。在家庭环境中,家庭成员不管自己的言行有无意识,客观上都使其他家庭成员(主要是孩子)接受教育,并达到一定的目的,同时自身也在接受教育。

家庭教育目的是一种社会意识形态,它是社会政治、经济、文化制度的反映,也是统治阶级意志的体现。家庭教育目的随着社会政治、经济、文化制度的变革而产生变化,与政治、经济制度的变革相适应,集中反映了社会对人才的要求。因此,家庭教育目的的确立,受社会生产力和生产发展水平的限制,受教育者身心发展规律的制约,也受时代家庭教育思想及长辈认识等因素的影响。

家庭教育目的必然要体现生产力和科学技术发展水平的时代特征。在封建社会,与自给自足、以农为主的经济制度相适应,人们的思想以"忠"、"孝"为根本而变得保守、狭隘,当时家庭教育目的就是生儿育女、传宗接代、光宗耀祖。进入资本主义社会,为顺应社会化大机器生产的趋势,人们认识到掌握科学技术是现代生产的需要,必须开阔眼界才能在社会竞争中获胜,于是,家庭教育倾向民主观念、平等观念的培养,更注重要求子女掌握科学文化技术知识,促使子女接受最基本的基础教育和职业技术教育,家庭教育目的更多转化为培养能适应近代、现代社会化大生产的社会合格公民。当今,科学技术高度发展,社会已进入信息时代,反映在家庭教育目的上,必须注重掌握现代科学文化知识,注意家庭成员能力的培养,对孩子还要注重智力和才能的开发,培养儿童不仅要有知识、有文化、有能力,而且还要具有开拓性、竞争性和创造才能。

其次,家庭教育目的受教育者身心发展规律的制约。家庭教育目的总是针对一定年龄的人(特别是儿童)而言的。离开具有不同年龄特征及其心理特征的人,就无从实现家庭教育的目的。家庭教育目的的确立,要符合不同年龄阶段人的身心发展的特点,特别对于不同年龄阶段的孩子,家庭教育的目的是不同的。如,2—3岁的孩子自我意识进入第一次"心理断乳"反抗期,这个时期的家庭教育,就应该保护和发展孩子的独立意识,规范孩子的行为,引导孩子在"反抗"中走向独立;当子女进入青春期,心理上处于第二次"心理断乳"反抗期时,家庭教育的观念、方法就必须改变,要适应孩子的成长,重点帮助他们走向成熟。因此,只有遵循人的身心发展的特点和个别差异,才能促进家庭成员和子女个性良好的发展,才能达到家庭教育的目的。

另外,家庭教育目的受时代家庭教育思想及其长辈认识等因素的影响。从总的目标上看,家庭教育目的必须首先服从整个国家的教育目的,父母和长辈的义务和责任就是要配合社会和国家把孩子培养成国家的建设者和接班人。同时,家庭教育目的还受当时家庭教育思想的影响,人类传承的家庭教育思想通过一些家庭教育专家的研究、总结和宣传,对人们确立家庭教育目的具有很深的影响。另外,具体到每个家庭的教育目的,又要依据这个家庭及其子女的特点和具体情况而定,也就是要受到家庭的根本利益,特别是长辈的思想、文化、素质、职业、经历、兴趣、爱好和家庭所处的社会环境等诸多因素的影响。

(二)家庭教育的内容

家庭教育的基本任务就是在家庭环境中,通过家庭成员的互动教育,充分发挥家庭成员,特别是未成年子女的主体积极性,促进其全面提高素质,更好地参与社会生活,为国家、民族的进步作出更大的贡献。从培养全面发展新人的角度出发,家庭教育的具体任务应该提出对家庭成员,尤其是孩子在各方面发展的具体要求,促进他们各种素质的提高。主要包括家庭体育、德育、智育、美育、劳动教育等内容。

家庭体育的基本目的是要保证家庭成员特别是子女的身心健康,通过家庭体育达到增强体质、锻炼意志、愉悦心境的目标。家庭体育是儿童全面发展、家庭和睦、幸福不可缺少的因素。因此,家庭体育的内容应当是:第一,科学安排孩子的饮食结构,培养孩子良好的饮食习惯和生活习惯。第二,保证孩子的安全,防止或避免发生意外伤害事故。第三,鼓励孩子参加户外活动,进行游戏、郊游和各种体育锻炼。第四,教育孩子讲究卫生,加强疾病预防。

进行思想品德教育是一切教育工作的重要任务,家庭教育也不例外。家庭教育中的思想品德教育,实质就是教育子女如何"做人"。家庭教育作为"人之初"的启蒙教育,不仅担负着开启智力蒙昧的任务,同样,也担负着开启道德蒙昧的任务。随着子女年龄的增长,家长越来越重视子女的思想品德教育,为子女进入社会生活做准备。因此,家庭德育的内容主要是:第一,增强家庭成员的情感教育。特别要培养儿童热爱党、热爱祖国、热爱人民的感情和集体主义、助人为乐的精神。第二,注重对子女进行道德启蒙和行为习惯的培养。第三,家庭成员要树立劳动光荣的思想,特别要培养孩子热爱劳动的习惯。第四,家庭成员要锻炼自我教育的能力,父母要提高自身道德修养,并逐步培养孩子这方面的能力。

家庭智育的基本任务是努力发挥家庭成员的智能优势,加强以培养子女智能为基础的智能开发。因此,主要内容有:第一,在日常生活中,注重开发子女的智力,重在培养孩子的观察力、记忆力、注意力、思维能力和想象力,同时,培养孩子的操作能力和独立工作的能力。第二,充分发挥家庭成员的非智力因素。非智力因素主要包括兴趣、爱好、情感、意志和性格等个性心理品质。第三,培养孩子的追求和探索精神,养成实事求是的学风和良好的学习习惯。

美育就是培养孩子树立正确的审美观点,形成评价美、欣赏美和创造美的能力。家庭美育是以家庭为中心进行的美的教育。因此,主要内容有:第一,培养孩子正确的审美观点和感受美、鉴赏美、享受美的能力。第二,培养孩子表达美、创造美的能力。第三,培养孩子高尚的情操。

家庭劳动教育的开展,能够使家庭成员树立劳动光荣的观念,主动参加劳动锻炼,在劳动中获得享受并感受家庭的温馨,特别是注重培养孩子的劳动观点、劳动习惯。主要内容有:第一,教孩子一些从事生活实践和社会实践的最基础的劳动知识和技能。第二,鼓励、安排或和孩子一起参加力所能及的家务劳动及社会公益劳动。第三,在劳动中培养孩子的劳动观念和艰苦朴素、勤俭节约的优良品质。第四,培养孩子从事家庭劳动的义务感和责任感。

总之,家庭教育担负着多方面的任务,家庭教育的内容丰富多彩。家庭是儿童、青少年走上社会生活前的"演习场",家庭教育是儿童、青少年由自然人转变为社会人的必由之路。为了培养人的全面发展,以上五个方面的教育缺一不可,也不能相互取代,任何一种活动对参与者的身心都会产生多方面的影响,每一种活动以完成某一育人任务为主,通过家庭教育,从小培养和发展家庭成员,特别是孩子良好的思想品德和行为习惯,为他们日后的全面发展打下坚实的基础。

第二节　家庭教育的特点

家庭教育是教育的一种形式,也是培养人的社会活动。它与学校教育、社会教育有共同的发展规律,但是,家庭教育终究是一种特殊的教育形式,有许多区别于学校教育、社会教育的特点,是学校教育、社会教育所不能替代的。家庭教育有自己的个性,主要表现为启蒙性、随机性、伦常性和全面性等特点。

一、家庭教育的启蒙性

早期的家庭教育与影响,对一个人的思想观念的形成、智力的发展以及性格的培养具有至关重要的启蒙意义。成功的家庭教育是人才成长的基础;家庭教育的失误或不足,将给人的一生带来不可弥补的缺陷或障碍。

生理学的研究证明,学前阶段是儿童身心发展的最迅速时期。在这个时期,给以足够的营养及合理的训练,将促进儿童的发展。这一阶段,承担儿童养育、训练、教育责任的是家庭。许多早慧儿童、少年英雄,都是在早期接受了良好的家庭教育,反映出家庭教育的结果。苏联教育家马卡连柯曾经说过:"儿童教育的最重要阶段,就是儿童出生的最初阶段。正是这个时期,儿童的脑和感觉器官发展速度最快,许多偶然的联想——人的心理基础,迅速地形成,牢固起来。"而儿童最初几年的绝大部分时间,正是在家庭中度过的,家庭教育的影响将在孩子的一生中留下不可磨灭的痕迹。我国教育家蔡元培先生说:"家庭者,人生最初之学校也。一生之品性,所谓百变不离其宗者,大抵胚胎于家庭之中。""习惯固能成性,朋友亦能染人,然较之家庭,则其感化之力远不及也。社会、国家之事业繁矣,而成此事业之人物,孰非起于家庭呱呱之小儿乎?虽伟人杰士,震惊一世之意见及行为,其托始于家庭中幼年所受之思想者,盖必不鲜。是以有为之士,非出于善良家庭者,世不多有。"这充分说明了家庭早期教育在人生身心发展中的启蒙性。

二、家庭教育的随机性

家庭教育不同于学校教育。学校教育具有明确的教育计划、教学大纲及教材内容的系统性、教育方式方法的规定性及严格的规章制度的保证。而家庭教育寓于日常生活之中,教育的意图、内容、方法等均蕴含于具体的生活事例中。家庭教育质量的优劣取决于家长的教育目标导向、教育能力及自身素质。家庭教育不仅包括家长有意识地对子女施加影响的直接教育,也表现为借助其他条件的间接影响,如:家庭的文化氛围、环境条件、成员关系等潜在因素的教育影响。

家庭教育的随机性表现出灵活分散的特点,即家庭教育分散于家庭生活的各个方面、各个环节。从物质生活的吃、穿、用到精神生活的家风、家规、人际关系以及文化生活如读书、娱乐、谈心、聊天等,都包含着教育的因素,不求系统,灵活进行。家庭教育的随机性还表现在潜移默化之中。实际生活中,经常对子女起作用的是家长毫不掩饰的言谈举止,不论有意或无意,家庭教育时时处处存在于家庭生活的每一瞬间。在家庭成员的自由接触中,家长的各种观念、行为都会无拘无束地流露出来,并对子女产生影响。家长敏感而机智地抓住教育时机予以正确引导,就会产生长善救失,促进子女身心健康的良好教育效果。

三、家庭教育的伦常性

家庭中,子女受到的教育影响往往来自各个家庭成员。由多个核心家庭组成的联合大家庭中存在着祖孙、叔侄等关系,多子女的核心家庭也有兄弟姐妹关系。种种家庭关系对子女都会产生某种影响,影响最大的是亲子关系。亲子关系是存在着血缘联系的社会关系,同时还存在着经济的、伦理道德的关系。家庭成员间的各种关系受到法律的确认和保护。如父母不履行对子女的养育职责,会受到舆论的谴责和法律的惩处。

反映伦常关系的家庭教育表现出以下特点:一是感染性。家庭成员间具有浓厚的情感色彩,父母与子女的情感联系最为密切而持久。亲子情感造成的家庭温馨气氛是家庭教育的极好条件。父母对子女持有自然而深厚的爱,寄托殷切期望,而子女对父母怀有特殊的依恋和信任感。亲子间的情感能够产生变父母的要求为子女行动的强大推动力量。家庭教育中可以利用亲子情感,充分发挥其感化作用,将会产生很好的教育效果。二是家长的权威性。权威是以意志服从为特征的。家庭中长者的社会责任、家庭中的地位及教育者的角色,决定了他们在家庭教育中有较强的权威性。其积极方面表现为:因父母的阅历丰富,且为子女提供了物质生活条件及无私的爱,在子女的心目中具有较高威信。父母讲话最有力量,最容易被子女理解、接受和服从。家长权威在消极方面表现为家长以个人意志强加于子女,子女必须按家长的意见行事,子女对父母要绝对服从,即使父母有错,子女也不得反驳,更不许批评。而家长对子女可以任意斥责、打骂、惩罚,造成亲子关系的紧张和对立。这是导致家庭教育失败的重要原因。三是教育的针对性。家庭中各个成员朝夕相伴,为人父母者对子女观察细致,了解充分,能够做到针对子女特点,有的放矢进行教育。

总之,以亲子关系为中心的家庭教育,较之学校教育和社会教育具备自身的独特优势,建立和发展良好的亲子关系,实现家庭教育科学育人具有重要作用。

四、家庭教育的全面性

家庭教育比学校教育具有更广阔的教育范围和丰富的教育内容,是对子女进行德、智、体、美及劳动教育,全方位培养人才的重要场所。就德育而言,家庭以自觉、不自觉的言行方式对子女的思想意识、道德观念、人生理想等多方面产生影响,使其在各个方面逐步充实、完善,形成相应的世界观、人生观、道德观。就智育而言,家庭教育在于全面促进智力和非智力因素的协调发展,在培养子女聪明才智的同时,注意意志品质及兴趣的培养。就体育而言,家庭教育日益重视兼顾子女的身心健康,依照儿童身心发展规律加强身心卫生保健。家庭美育往往融于德育、体育之中,注意对子女日常生活中的审美教育和劳动教育。对未成年子女来说,在全面教育中重视劳动观念、劳动习惯及必要的劳动技能培养,对促其早日成才显得十分重要。家务劳动则是家庭劳动教育,培养子女的自主性和独立性,提高生活自理能力最适宜的项目。儿童在既动手又动脑的劳动实践中,热爱劳动、爱惜劳动成果、勤俭朴素的思想作风得到培养,智力才能、创造性得到发展。总之,家庭中,子女的思想观念、情感态度、意志行为、个性品质等在日常生活中将得到培养和发展。

家庭教育以其深刻的感染性、灵活的随机性、鲜明的针对性以及影响的全面性等,在许多方面比学校教育和社会教育具有无法取代的特殊作用。

第三节　影响家庭教育的因素

在家庭的日常生活中对子女实施教育,能不能顺利进行,教育效果如何,子女的身心能不能得到发展,子女能不能成才,这一切绝不仅仅是由家庭的某一个有关因素(或条件)所决定的,而是多种影响家庭教育的因素综合作用的结果。家庭教育并不是简单的单向传递过程,子女成长为什么样的人,家庭教育形成怎样的格局和特点,影响因素是相当复杂的,诸如:社会的大背景、家庭的类型和结构、家庭文化氛围及生活方式,家长素质等,都是制约家庭教育过程及质量水平的因素。

一、家长自身的素质

家长,特别是父母,是家庭教育的主要责任者和执行者,是最直接和最重要的教育者。父母不仅是子女的首任教师,也是终身的教师。在子女教育过程中,家长起着主导的作用,决定着家庭教育的目的和培养目标、教育的内容、教育的方式方法,从而也决定着教育的效果。因此,家长自身的素质如何,直接决定着家庭教育的成败。

家长的素养,指的是家长平时的修养,主要包括两方面:一是对社会和人生的态度以及日常生活中的行为准则,即世界观和思想品德;二是理论、知识方面的水平,即文化素养。

家长的世界观和思想品德与家庭教育关系极大。它首先决定家庭教育的指导思想、方向,要按家庭的需求去塑造子女,要把子女培养成那样的人;其次,还决定家长给子女树立一个什么样的榜样,并以自己为榜样引导子女坚持怎样的生活道路,朝什么方向发展,做一个什么样的人;再次,还决定家长在子女心目中有没有威信,能不能掌握子女教育工作的主动权。

如果家长有正确的人生观,能看清社会发展的趋势,深知社会对儿童、青少年一代有什么要求,那么,就会自觉地按照社会的需求去塑造自己的子女,指导子女做一个社会所需要的人。如果家长有良好的思想品德,对人对事能坚持正确的原则,真正懂得什么是真善美,那么,在教育子女时也自然会按照这种标准去塑造子女的灵魂。如果家长有正确的人生观和良好的思想品德,那么,他们自己的言行举止就会遵循正确的原则,就会给子女树立一个正确的学习榜样,给子女以积极的影响。同时,也会赢得子女的信任和尊重。

家长的人生观和思想品德,在日常生活中表现为价值取向,表现为追求什么,采取什么样的手段去追求。有的人追求为社会作贡献,有的人追求个人私利;有的人在日常生活中克己让人,有的人则是损人利己;有的人是通过正当的劳动实现自己的理想,有的人则是不择手段、投机取巧,以实现个人目的等等。这都是人格的反映,它具有潜在的影响力。家长的人格,对子女来说,是无形的影响,是无声的教育,这种教育和影响的作用是巨大的。

家长的文化素养是影响家庭教育的实施和效果的又一个重要因素。因为家长的文化素养,一方面在很大程度上决定着家长的理想、情操、道德水平、思想境界、教育能力和教育方式的运用;另一方面,又在很大程度上决定着家长处理家庭关系的能力、家庭的生活方式、家长的职业、家庭的经济收入,从而决定了子女处在什么样的家庭生活环境之中。

家长的文化素养对子女的学习、品德有重要影响，二者一般是成正比例关系，但是，也不是绝对地看问题，不能由此得出这样的结论：家长文化素养高的孩子就一定比家长文化素质低的孩子学习、品德好；相反，就一定差。家长的文化素养高，只能给孩子的学习、品德进步，提供有利的条件。这个有利的条件是外因，能否在孩子身上起积极作用，还需要家长有较好的思想品德和较强的教育能力，否则，也不一定能发挥积极的作用。同样，家长文化素养低，其子女的学习、品德不一定低于家长文化素养高的孩子。

二、家长对子女的态度

家长是子女的教育者，家长对子女的态度，对子女的身心发展有重要的影响。因为家长和子女之间有特殊的关系，根本利益一致，切身利害相关，家长对子女的态度，肯定会引起子女的强烈反应，从而对子女身心发展起着重要作用。

家长对子女的态度主要体现在两个方面：一是家长对子女热爱、关心的程度和方式；二是家长对子女的期望。

家长对子女热爱、关心的程度和方式，影响子女的身心发展水平。父母越是爱子女，子女就越是愿意积极向上，越有前进的推动力。受到父母真诚爱的子女，从感情上愿意接受父母的教诲，即或是批评也能接受，子女会以为"正是由于爱才去批评，才去严格要求"。如颜之推所说，"同言而信，信其所亲"就是这个道理。

家长真正关心、爱护、照顾子女，满足他们的物质生活需要，保证衣食住行，注意保健身体，关心思想、情绪的动向，加强对学习的督促指导，这一切都会有力地促进孩子各方面的进步。这主要是由于关系的特殊，父母对子女的关心，表达父母的期望和精神寄托，子女能心领神会，从而变成了子女上进的行动。家长不关心子女，态度冷漠，对子女的生活、思想、学习、健康等漠不关心，就会使孩子心灰意冷，不求上进，还可能使子女养成不良的性格和行为习惯。关心与否，孩子的身心发展状况不同。

有关研究早已发现，一般情况下，家长对子女的期望水平高，则子女受到的激励就大，对自己成就的愿望也就强烈，结果会导致他们的学业成绩和思想道德水平普遍提高。而如果家长对子女没有什么期望，任其自由发展，那么子女也不会有上进的愿望，如果低估子女，过早地给子女的发展前途下结论，断定子女不会有什么出息，那么就会使子女丧失自信心、上进心。家长的期望是一个影响教育效果的重要因素。

家长对子女的较高期望，本身就带有一种"隐蔽的强化作用"，它通过子女的知觉和投射两种心理机制，使他们或在自觉意识的水平上，或在自发无意识的水平上受到良好的激励。之后，又通过日积月累的反馈作用，子女就更加深刻地感受到家长的关怀和信赖，于是就产生了较为持久的努力和进取心；同时，子女时时将自己与家长所期望的形象相比拟，找差距，自觉地以此来调整其个人的学习和生活计划，从而影响到他们的学习和思想品德等方面的发展。

正确发挥家长对子女期望的积极作用，也是有条件的。在一定的限度内，家长的期望越高，对孩子的激励越大，因为期望代表着家长的信任。但是，绝不是说期望越高，对孩子身心发展所发挥的积极作用越大。如果期望中带有极大的盲目性，是一种不切实际的期望，不但对孩子起不到积极的激励作用，反而使孩子望而生畏，从而丧失上进的勇气。这样不仅会使家长失去应有的理智和耐心，而且也易与子女发生感情上的对立，导致家庭教育失败。

三、家庭生活环境

家庭教育有一个突出的特点，就是家庭教育和家庭生活的一致性。这有两个方面的含义：一是家长教育子女的实践过程是在家庭的日常生活中进行的，家庭教育不可能脱离家庭生活，是和家庭生活融为一体的；二是家庭是子女的生活条件和环境，这种条件和环境本身就是一种潜在的教育因素，时刻都在对子女身心发展起着潜移默化的作用。

家庭生活环境包括以下几个方面：家庭结构、家庭经济生活状况、家庭成员之间的关系、家庭生活方式等。

家庭结构就是家庭成员不同的层次和序列的结合。家庭结构包括家庭有哪些成员、成员有多少、家庭成员的辈分、家庭成员是否齐全和家庭的规模大小等。家庭结构对家庭教育的实施及其效果有直接影响。

家庭经济生活状况指的是家庭经济收入多少，生活水平的高低，家庭经济的来源和支配等。

家庭经济收入多少和生活水平的高低，虽然不是家庭生活幸福和睦的唯一条件，但是，家庭从来就是一个生活单位，始终具有生活消费的职能，一个家庭的经济收入多少和生活水平高低，是家庭生活是否幸福、和睦的一个重要条件，因而对子女的教育也有一定的影响。家庭经济收入高，家庭生活水平高，一般来说，家庭生活更幸福美满,子女有一个温暖舒适的生活环境,有优越的物质生活条件,教育子女的物质条件也比较充分,有可能多进行智力投资。家庭成员之间因经济问题而发生的冲突和矛盾也少,关系更为融洽。而家庭经济收入少,负担重,生活水平低,子女的物质生活条件差,子女受教育的物质条件就会相应地受到限制。

家庭经济来源是指家庭经济收入是由谁来提供的。这决定家庭成员在家庭生活中的地位,决定家长在子女心目中的地位。如果家庭收入主要是由父亲提供的,父亲对子女的制约性和权威性就更大一些。但在现实生活中,不管收入多少,家长要共同承担子女教育工作,要相互维护威信,使家长形成一个教育的集体。

家庭经济如何支配也对子女的教育有着影响。家长管理家庭经济生活有计划性,会影响子女对钱财的珍惜;家长让子女参加家庭经济管理,会影响孩子参与的社会意识,从中学会管理支配家庭经济生活,这对他们以后参加社会生活和独立组织家庭生活都是有好处的;家庭经济收入是怎样分配使用的,一般分为三个部分,即:用于日常的基本生活需要的消费开支,用于改善家庭物质生活和精神生活的消费开支及用于家庭成员的智力开发、更新知识、发展特长等方面的消费开支。如果把用于这三种资料的家庭经济收入分配使用得当,那么,这种消费就会大大有利于子女的身心健康发展。

家庭成员之间的关系,主要是指家庭里成年人之间的相互关系。在主干家庭里,指的是祖父母之间、父母之间、父子之间、婆媳之间等双方的关系。在核心家庭里,主要指的是父母之间的相互关系。

家庭成员之间的关系如何,是亲密无间还是冷漠疏远,是协调和睦还是矛盾重重,是民主和谐还是独断专行,这一切决定了家庭生活的气氛、秩序和稳定程度。家庭生活的气氛、秩序和稳定程度,对所有家庭成员的身心健康有重要影响,对子女来说影响更大。家庭是人们生活的重要场所,对于家庭生活有很大的依赖性,未成年的子女对家庭的依赖性更大。家庭生活包括物质生活和精神生活两个方面,子女不但要从家庭里得到生存和生活所必需的物质条件,也需要从家庭里得到精神上的满足。未成年的子女,缺乏独立生活的能力,不可能脱离家庭、父母而独立生存和生活。家庭成员之间的关系好不好,关系到他们能不能得到安全、平静、温暖和幸福,对身心影响最大。许多调查证明,由家庭成员之间的关系所形成的家庭生活气氛、家庭生活秩序和家庭稳固程度,与子女的学习和品德发展状况成正比。

家庭生活方式是指人们在家庭中的各种生活活动的典型形式。家庭生活方式包括家庭生活观念、家庭生活活动和家庭生活条件三个基本要素。家庭生活观念是家庭成员从事家庭生活活动的主观动机和价值观,如家庭思想、家庭性别角色观念、生育观、消费观、审美观、营养观等。家庭生活活动是家庭成员在家庭生活观念的指导下主动调整、控制内外部条件以满足家庭和自身需要的行动。人们在描述家庭生活方式时,一般是以家庭中占主流的行为模式为基本单位,如饮食营养习惯、消费方式、闲暇利用方式、夫妻间性生活方式、家庭人际交往方式等。家庭生活条件则是指家庭生活活动赖以进行的对象和手段。家庭生活方式三要素间相互联系,相互影响、制约。三个要素中,家庭生活条件是基础。

家庭生活方式作为一种社会存在,受到社会政治、经济、文化等方面因素的制约。在所有社会制约因素中,生产力的影响是最有力的。现代社会发展和科学进步从家庭结构、家庭功能、婚姻关系等方面改变着家庭生活;家庭生活观念在变,特别是生育观、幸福观和消费观;家庭生活活动则由于家庭生活条件和家庭生活观念的改变,在质量和形式上都在发生变化,特别是消费方式、闲暇利用方式和家庭人际交往方式等方面。

家庭生活方式是家庭成员在长时间的共同生活中,逐步形成的较为稳定的生活模式,实际上就是人们常说的"家风"或"门风"。作为一种生活模式,在日常的家庭生活中会经常出现,成为家庭成员生活的环境。子女生活在一定的家庭生活方式之中,会受到潜移默化的影响。正如法国教育家卢梭所说,家庭生活方式本身就是一种教育。

四、家庭的社会背景

家庭虽然是一个较为封闭的社会组织形式,但家庭并不是孤立于社会之外而存在的,它同社会生活息息相关,社会生活对家庭有着重大影响,而且家庭在社会生活的影响下,随着社会的发展而发展。

家庭总是一定历史时代的家庭。社会在发展,时代在前进,家庭是随着社会的发展和时代的前进而变化的。

时代不同,家庭的结构、经济状况、家庭成员之间的关系、家庭的生活方式、家长自身各方面的素质也不同,从而影响家庭教育的实施及其效果。在旧中国,家庭以主干家庭和联合家庭为主,规模大,结构复杂,家庭成员之间的关系也复杂。劳动人民家庭经济条件很差,有的贫困之极,很难进行正常的家庭教育。现在的家庭以核心家庭为主,规模小,结构简单,家庭成员间的关系也简单。广大人民群众生活幸福,家庭稳定,都能进行正常的家庭教育。

　　家庭所处的社会区域是指由家庭居住地点所形成的一定范围内的社会环境。不同的社会区域,其社会成员的成分不同,所从事的职业不同,生活习惯、社会风气也就不同。家庭生活和社会生活息息相关,当地的社会生活习惯、社会风气,总是要渗透到家庭生活中去,从而影响家庭的生活方式、生活习惯,进一步影响到子女的成长和发展。

　　国度,指国家区域。不同的国度,不同的民族,其政治经济制度、文化传统、风俗习惯、生活方式不同,家庭教育的情况也各异。比如,我国具有重视家庭教育的悠久传统,其重视程度明显地高于四邻。这种历史传统,一直延续到今天。但是,由于中国经历了几千年的封建社会,封建家长制的旧意识相当浓重,一直到今天,不少家长的头脑里仍存有家长制的旧意识,不尊重子女的人格和个性,实行强迫命令。而西方国家,家长的民主、平等思想较为强烈,在家庭教育中,比较尊重子女,多采取平等的教养态度和方式。

　　总之,影响和制约家庭教育的因素是多种多样的。这些因素,有家庭内部的,也有家庭外部的,是多种因素的影响作用。一般情况下,家庭内部的因素发挥作用更直接,更大一些,但不可能不接受外部因素的影响。

本章思考题

1. 如何理解家庭教育?
2. 家庭教育的特点表现在哪些方面?
3. 影响家庭教育的因素有哪些?

第二章　特殊儿童的家庭

对于家庭,每个人是既熟悉又陌生。对它熟悉,是因为个人总是在家庭中出生,对家庭这个词耳熟能详;对它陌生,是因为关于家庭的说法太多,家庭究竟是怎样的,人们很难明辨。对特殊儿童而言,家庭与普通儿童家庭一样,都有父母长辈和其他家庭成员。但特殊儿童家庭又有别于普通儿童家庭,因为家庭中出现了特殊儿童,使家庭的特征、功能以及互动都产生了变化。本章从特殊儿童家庭的特征、功能和互动三个方面来阐述特殊儿童家庭所具有的特质。

第一节　家庭特征

家庭是包括两个或更多将彼此视为一家人的成员,他们执行着通常意义上家庭的功能。他们可能有、也可能没有血缘或婚姻的联系,或者也不经常住在一起。

家庭特征包括作为整体的家庭特征,以及个体成员的特征。作为整体的家庭特征涵盖了家庭的文化背景,社会经济地位水平和地理位置。另外,家庭成员的个体特征都不相同,这主要和特殊性、应对方式以及健康状况有关。

一、作为整体的家庭特征

一个家庭作为一个独立实体有许多特征,如家庭大小和形式、文化背景、社会经济地位和地理位置都组成了这些特征的一部分。

(一) 家庭大小和形式

每个家庭的大小和形式受到其自身关于家庭定义的影响。家庭的大小和形式可以如人口统计定义的那样集中,也可以像我们定义的那样宽广。家庭的大小和形式是指同住一个屋檐下的人数以及彼此间的关系,即孩子的个数,父母亲的数量,继父母的个数,住在一起的没有血缘或婚姻关系的家庭成员的数量,和涉及的大家庭。一个家庭成员越多,彼此之间的关系也就越复杂。它既可使彼此协助、相互照顾的可能性增加,也能让彼此间承受的压力和竞争增大。

家庭大小和形式的一种模式是单亲或双亲家庭。家庭中母亲的快乐与否,与是否有父亲的支持有关。在双亲的家庭中,特殊儿童的行为和社会适应,比单亲家庭中的儿童好。而且,女性为户主的单亲家庭中,往往有特殊儿童的比例比较高。这些家庭大都有较重的经济负担,甚至有些这样的家庭会遭遇贫困。

家庭大小和形式的另一种模式是超过两个家长。当原生家庭的父母离婚,并且其中一个或两个都重新结婚,这种模式就会出现。新的混合家庭成员包括孩子和来自两段或更多婚姻关系中的大家庭成员。孩子可能不得不忍受两个不同家庭中不同的规则,接受两种不同的生活方式。继父母可能不确定他们作为家长的权威,孩子可能将接受继父母视为对自己生身父母不忠诚的标志。因此,所有成人(以前的夫妻和现在的夫妻)需要进行协商,以解决关于孩子的冲突,同时了解彼此的生活方式、计划、原则等等。从积极的方面看,有多个家庭成员或混合家庭,可以提供更宽泛和丰富的资源和支持。

阅读

"在一起,我们能做到!"[1]

"妈妈,我需要6美元来买一件队服。"我11岁的儿子扎克宣布,为了4年里他第一次参加的野外旅行。由于得到许多支持,扎克终于克服了伴随着他的自闭症的挑战性行为。然而,这件事对我而言是喜忧参半的。毫无疑问他应该得到一件队服,但是对于一位有两个孩子的单身母亲来说,钱总是很紧缺的。况且,为了满足扎克的每一个需求,维持对他的每一个承诺,缴纳学校里的任何一项费用都会使我感到焦虑,然而通常每个经济负担似乎都不可克服。扎克的攻击性行为时常起伏不定,需要许多的教师会议:个别化教育计划会议;为了管理扎克的行为,监控他的药物,和行为治疗师以及心理医生的会议。我发现一个星期至少有一次为了带扎克参加学校的会议,我得提前下班。为了满足我儿子的需要,迫使我必须同时在两个地方:他需要我,我必须工作养活我们……经济上,我们迅速地落后于我们的需要。我唯一的选择就是继续我的在校教育。不仅因为接受在校教育可以促进我的事业发展,而且它使我可以拿到本地区一所大学的全额奖学金,使我有空闲的时间确保扎克的需要得到满足。当扎克为了一个约

---

[1] Turnbull, A., Turnbull, R., Erwin, E. J., Soodak, L. C., & Shogren, K. A. (2011). *Families, Professionals, and Exceptionality: Positive Outcomes through Partnerships and Trust* (6th ed). Pearson. 7.

会提前离开学校(和一个可能为我们提供经济支持的代理人),他错过了上课时间,老师布置了额外的家庭作业,使得扎克晚上的时间程序遭到严重破坏。当任何额外的花费出现,我的胃就会因为焦虑而不舒服,包括花销较大的课外活动,甚至6美元的衬衫。当扎克第一次和队友一起参加足球比赛后,我对足球的焦虑得到了回应。"这是我一直以来错过的最快乐的事!"当扎克跑下足球场时,他欢呼说。我的内心充满了喜悦,泪水从脸颊滑落。我为他的成功感到喜不自胜,彻底地意识到他的健康。虽然在经济方面我打了一场败战,日常生活的压力也快将我的精力榨干,但我作为这样一个活力充沛的孩子的母亲而自豪。他的精神和个性在其他一切事情中闪耀。在这样的世界里日常的挣扎是生活的事实,对微小的成功的简单庆贺变得非常重要。没有什么比有一个残疾孩子的单亲母亲竭尽全力克服复杂的生活更让我激动的了。对扎克帮助很大的老师们,总是很在意那些细节的事情,比如在完成任务时他使用的是铅笔还是钢笔,而不是为他完成了任务并及时的交上来了的事实而庆贺。鼓励要好过批评,尤其是当一个家庭只有一个家长和极少的外界帮助时。

　　注意:

　　＊当你教一个孩子时,这个孩子的父母有很多的经济负担,你要注重这个孩子教育的"大框架"。这样你能表现出对其父母的尊重。

　　＊同样,尽力理解家庭生活的复杂性。如果你能从他们的视角出发看生活,你将更像一个平等的合作者。

　　＊当孩子取得进步时,让家长知道。这样显示了你可以用积极的方式与他们进行沟通。

(二) 家庭文化背景

　　家庭文化背景主要是指家庭的基本价值观和信念。每个家庭都会选择不同的价值观,有的家庭会接受个人主义价值观,有的则会接受集体主义价值观;有些家庭会采用关系取向解决问题,而有些会采取系统取向去解决问题。

　　个人主义的取向意味着个体的独立、竞争和个人的成就。这种价值观取向对于特殊儿童家庭而言,它强调每个人有不同的权利和责任、先天赋予的角色与责任、儿童的独立与自主以及个人的成就与竞争。因此,个人为自己的行为负责,通过自己的努力,达到个体的目标。集体主义取向是把一个家庭、家族或是一个团体看作是一个集体。集体的荣耀超越个人,个人的言行举止代表了整个家庭或家族。因此,个人的存在是依附于整个家庭。集体主义的取向就是重视集体远远超过个人。对于特殊儿童家庭而言,它强调每个人有相同的权利和责任、抚养儿童的亲情,可以有选择的角色和责任,还强调家庭的和谐。

系统取向是指遵循制度的方式寻求解决问题的途径。也就是说,对于残障儿童需求问题的解决,是通过呼吁政府立法,或制定相关政策,来满足残障儿童的需求,使残障儿童从根本上得到保障。关系取向是指利用与他人的个人关系作为解决问题的途径。也就是说,有些特殊儿童家庭,他们解决问题的方法不是依靠法律或政策,不去遵循已有的制度程序解决问题,而是要与专业人员建立个人关系,或建立信任后,然后通过个人关系去解决问题。

除此之外,家庭的文化背景还表现在家庭的民族性。不同的民族有不同的风俗,它会影响家庭的节庆日,也影响家庭的礼仪。由于民族的不同,语言的使用或表达方式也会有所不同,这将影响专业人员与家庭的沟通与交流。

(三) 社会经济地位

社会经济地位是关于某个人工作经历和个体或家庭基于收入、教育和职业等因素相对于其他人的经济和社会地位的总体衡量。一个家庭的社会经济地位包括成员的受教育程度、婚姻状况、职业和收入。残障儿童的家庭和社会经济地位之间有着密切的关系。根据美国国家贫困儿童中心数据,在美国超过1300万儿童生活在低收入家庭中。低收入通常定义为收入达不到国家贫困水平线的一半。生活在低收入家庭的儿童数量依然在增长。

有资料显示,在特殊学校就读的学生,其家庭的社会经济地位比就读一般学校的学生家庭低。同时,社会经济地位越高的家庭,就越有较多的资源和能力去使用相关的服务,这些家庭在意特殊儿童日后的成就;而社会经济地位较低的家庭,对外寻求协助的意愿不高,这些家庭比较在意特殊儿童的照料问题,而非孩子日后的成就。

(四) 居住环境的地理位置

作为科学技术快速发展和大部分社会系统流动性增加的结果,家庭价值观和形式的地域区别正在减弱,但是地域模式依然存在。城市和农村的地域因素也深刻地影响着家庭生活。相比较而言,居住在城市中的残障儿童家庭所获得的特殊教育或服务的资源多于生活在农村的残障儿童家庭。城区中特殊教育资源集中,便于残障儿童家庭获取。还有残障儿童家庭居住的地理位置与所提供教育的学校或相关服务的机构的远近,也影响这些家庭的生活。父母承担的养育压力也会因此而不同。

二、个体成员的特征

家庭作为一个整体,其中的每个成员都要面对家庭成员的残疾问题。而且,每个人的特征也影响着家庭的特征。

(一) 残障儿童的特征

家庭成员中存在残障儿童,其残障的性质会影响家庭对它的反应。例如,孩子有医学上复杂需求的家庭通常不得不调整他们的生活常规为孩子提供持续的照料。他们通常对特定的疾病信息,设备和经济支持有特殊的需求。一个听觉障碍的孩子需要交流条件,这可能包括翻译或设备,如特殊的电话和字幕电视。同样,有情绪障碍、注意力缺陷多动症、脑损伤和自闭症孩子的家长最担心的都是关于孩子的问题和对它做出适当的反应。无论孩子的障碍类型,都会影响家庭成员的反应,也会给家庭带来压力。

残障儿童的障碍程度和发现的时间对家庭也有影响。出生时即被诊断为重度残障的孩子,其父母需要应付这种突发的意料之外的震惊。然而,在孩子成长过程中被诊断出障碍,例如情绪障碍或学习障碍,父母可能感到痛苦,这种诊断可能使他们调整自身去重新考虑他们的孩子。这些家庭可能不得不处理一些复杂难解的情感问题,例如,一些学习障碍孩子的家庭,可能会对孩子的学习障碍感到困惑和受挫,因为孩子在许多方面似乎都有能力,事实上却有残障。同时,家长会对没能及早发现孩子的问题感到愧疚。

相对轻度障碍,中重度障碍更易被发现,这可以促使家庭较快地适应这个儿童的特殊需求。中重度障碍孩子的家人可能对其支持需求有着明确的理解。然而,从另一方面看,家庭中有这样障碍程度的残障儿童,可能使整个家庭遭受歧视,进而遭到社会拒绝。当一个孩子有轻度障碍,家庭对他未来的期望会随着其进步或后退而或升或降。

学生残疾的性质和发病年龄深刻地影响着一个学生什么时候开始接受特殊教育服务和学校提供的服务类型。

(二) 残疾父母的特征

有些特殊儿童家庭,不仅孩子有残障,而且父母也有残障。父母的残障类型不同对家庭的影响也不同。例如,视障父母经常依赖他们的孩子,他们可能要求孩子阅读商品价格以及在日常交往中指引他们。孩子通常是耳聋父母交流的桥梁,他们充当手语翻译,可以帮助父母与他人沟通。

我们（教师）中间没有人懂手语，因为本地区的聋教育教师都是直接来自口语学校。因此，我要求珍妮在家长会上做翻译，因为我知道她很擅长手语，不幸的是，我想告诉珍妮母亲，我对珍妮课堂表现的担忧……母亲只是点头和微笑，我不理解她的反应……随后，我才发现珍妮根本就没有，至少说没有准确翻译我所说的话！[①]

（三）家庭生活管理技能

生活管理技能，或者是应对策略，是指人们用来解决他们遇到问题的技术。Olson 等人对技能进行了分类，分为重构，消极回避，精神支持，社会支持和专业支持等五类。

重构就是试着改变思考一件事情的方式，强调事物的积极方面，不要盯着消极方面。

我唯一的女儿是重度智障，她富有爱心也很可爱。她不能够走路或说话，但她可以微笑和大笑，她是讨人喜欢的。

消极回避就是将忧虑搁置一边。

我尽量不去担心艾瑞克高中毕业后是否能找到一份工作。我尽量不去想他将来的成人生活会是什么样子。努力地过好每一天，对我来说是最好的。没有必要总是担忧许多很多年后才会发生的事情。

精神支持就是从你的精神信仰中得到安慰和指导。

我们被告知爱可以战胜一切。是这样的，甚至是死亡。但是信念是所有的一切可以忍受，否则不堪忍受。

社会支持就是从朋友和家庭成员那儿得到物质和情感的支持。

---

① Beach Center. (2000). Unpublished Research Transcripts of Focus Groups. Lawrence, KS: Beach Center on Disability.

我的父母——尤其是我的母亲——给予了极大的支持。他们花时间学习更多关于诊断结果的知识，我想这样也有助于他们接受。

专业支持就是从专业工作者和老师那儿获得帮助。

最好的个别化教育计划是最近给我儿子制定的那份计划。因为在个别化教育计划制定会议上，我儿子的老师对讨论非常公开，并愿意听我诉说对我儿子教育进步和需求的担心。

家庭成员在他们使用的生活管理策略的数量和每个策略的质量或者效果上都是不一样的。在同一个家庭里，一些成员可能有较强的生活管理能力，其他人可能需要更多的支持，因为他们自己的能力还没有完全发展成熟。

第二节　家庭功能

所谓家庭功能，是指家庭在人类生活和社会发展方面所能起到的作用，即家庭对于人类的功能和效能。根据功能主义者的观点，任何制度都是针对某种需要。家庭作为一种社会制度，同样具有某种社会功能，并在个人的生活中自发地发挥着某种不可或缺的作用。家庭功能是多方面的，决定家庭功能的最主要的两大因素是社会需求和家庭本身的特性。

家庭的每一位成员影响着每一种家庭功能，包括有障碍的成员。这种影响可能是积极的，消极的，或是中立的。许多人错误地认为，有障碍的孩子或者年轻人对家庭有消极的影响。但是，有研究证明特殊儿童也能给其家庭做出积极贡献。

一、家庭功能的表现

无论是怎样的家庭形态，家庭都要满足其成员在生理、心理与社会等方面需求。Zimmerman 把家庭的功能概括为：群体成员之间的抚养和照顾；通过生殖和收养增加新成员；儿童的社会化；对成员的社会控制；对食品和劳务的生产、分配和消费；通过爱来维护的道德和动机。具体而言，家庭功能主要表现在以下几方面：经济功能、生育功能、性生活功能、抚养和赡养功能、教育和社会化功能、情感交流功能、休息和娱乐功能、宗教功能、政治功能。由于特殊儿童家庭特有的性质，家庭功能的表现与普通家庭有所不同,主要表现为情感交流功能、自我评价功能、经济功能、日常照料功能、社会化功能、娱乐功能、教育功能、宗教功能等。

(一) 情感交流功能

家庭的环境能让家庭成员学习如何表达爱意和喜悦,并帮助其克服忧虑、苦痛、愤怒和罪恶感,从而逐渐获得情绪的成熟。

所有的孩子对接纳、欣赏和爱都有基本的需要。无条件的爱是家庭情感中必不可少的要素,特别对特殊儿童而言,更需要在家庭中获得无条件的爱。一位身体残疾的社会工作者,描写到:

残疾儿童特别需要他人所接受、欣赏和爱护他们的身体、缺陷等,尤其是需要他们重要的家庭成员接受、欣赏和爱护他们的身体、缺陷等。对于所有孩子来说,残疾或非残疾,他们身体或自我表现的各方面,用父母的眼光评价他们的健康发展是不可缺少的。这包括父母对于孩子身体的残疾部分能够表现出自豪和快乐,作为对孩子肯定的一个方面,并对于孩子的独一无二传达出欣赏和尊敬,用不同的眼光来看待……一些父母直接或间接地太过频繁地向他们的孩子传达缺陷应该被隐藏或被改变的观念;如果缺陷不能被隐藏,孩子应该努力表现出"正常"或者没有缺陷。家长的这种态度会让孩子产生认同危机,导致孩子感受不到完整感。

家长需要检验他们自己的价值观,他们对于孩子的成就、常态、成功或者进步的期望是什么,他们是否能无条件地接受、欣赏和关爱自己残疾的孩子。在一个家庭中,无论每个成员有什么个别的特点,都应该得到无条件的爱。

(二) 自我评价功能

家庭成员通过家庭内外的人际接触及互动关系,来发展自我形象、自我认定,以及他在众人心目中的地位。

一个家庭成员的特殊性能影响所有人的自我评价。例如,初次做父母的都希望养育能力较强的孩子。当他们的孩子是天才时,他们会对自己的教养能力感到不肯定,甚至受到伤害。

有着特殊儿童的父母可能面临着自我评价的挑战,假如他们认为自己的基因或是个人的错误导致孩子的残疾,就会产生罪恶感。同样,当他们的孩子不能做出令人欣慰的反应或是他们面对外部质疑为什么会有残疾孩子时,他们的自我评价也会受到影响。一位养育严重智力障碍女儿的妈妈,对于女儿的出生对自我评价的影响这样评论:

……我记得感到自己变成一个完全不同的人,我觉得自己有深重的罪恶感,而我已完全失去了自我评价。任何努力都不能给自己增加任何自我价值,尽管我毕业于一流的医学院,努力成为一名优秀的医生,并且有着幸福的婚姻,但这一切都归结于零,因为我有一个智障的孩子。孩子出生后,我花了一年的时间才对我的丈夫说:"今天我有个比女儿更为麻烦的问题。"我丈夫回答:"这说明你在好转,在逐渐接受女儿是智障这一事实。"这确实意味着我在好转。……最后我终于能收拾生命的碎片继续我的生活。

这个例子中的母亲是个内科医生,她从小就习惯于取得高成就。在面对多种挑战时,不同的两面性会出现在这些家庭中,并且对自己的生命会有很低的自我评价。如果家庭成员要有积极的自我评价,必须将自己的行为与好事情的发生联系起来,从而消除消极的自我评价。

(三) 经济功能

家庭的经济功能包括家庭中的生产、分配、交换、消费,它是家庭功能的物质基础,用于满足人们基本的生存需要。对于残障儿童家庭而言,由于家庭中出现了残障儿童,家庭经济功能将面临挑战。有研究表明,家庭在残疾孩子身上花费的比其他孩子要多。换句话说,一个残疾孩子,尤其是脑瘫、智力障碍、脊柱裂、需要技术照顾的孩子花费更加高。仅有少数残障儿童家庭无经济之忧。一些家庭增加了消费需要,同时生产力降低了。也因为特殊儿童,父母有一方失去了很多的工作机会。

有研究表明,半数有成年特殊儿童的母亲平均每周在外工作 9 小时,而正常孩子的母亲每周在外工作 22 小时。这些特殊孩子的母亲失业的主要原因是她们必须照顾孩子。同时发现在外工作的特殊儿童父母拥有更好的心理状况,这表明工作能缓冲照料责任的压力。

国内还有一项关于北京市自闭症、肢体障碍和智力障碍儿童家庭经济负担的调查,发现这些残障儿童的医疗支出、看护支出明显多于普通儿童,而教育支出、衣着支出、游乐支出明显少于普通儿童。与普通儿童相比,三类特殊儿童的抚养负担依次为:自闭症儿童(19 582.4 元/年)、肢体特殊儿童(16 410.1 元/年)、智力障碍儿童(6 391.0 元/年)。

有学者对印度南部 300 个有严重残疾儿童的家庭进行调查,结果显示残疾儿童家庭的平均消费为 254 美元/年,明显高于普通儿童家庭的相应花费 181 美元/

年;80%残疾儿童未得到任何社会保障援助,90%未得到任何特殊的医疗或教育支持;残疾儿童母亲中无业者占21%,而普通儿童母亲中无业仅占12%;残疾儿童家长平均需要政府203美元/年的社保来满足必须的残疾儿童花费;残疾儿童还有额外的旅行、家庭辅助、医疗看护和健康看护花费。在美国,智障儿童的终生花费约为870 000美元/人(以2000年物价水平计算),脑瘫患者的终生花费约为800 000美元/人;如美国2000年出生的智障者的终生花费将是512亿美元(以2003年物价水平计算),脑瘫患者的终生花费将是115亿美元。《洛杉矶时报》指出,每个自闭症患儿每年将在治疗上花费70 000美元。

(四) 日常照料功能

日常照料功能对残障儿童家庭而言是一个基本功能,是满足家庭成员身体和健康的需要,包括做饭,打扫,洗衣,运送,获得必要的健康照料等。家庭成员常在一起履行照料的职责来满足残障儿童日常看护的需要。针对不同特殊儿童,家庭的日常照料功能的表现会有所不同,有的需要饮食照料,如有母亲描述:"我想早上会花一个半小时而中午会花近2个小时在儿子用餐问题上。我总是会弄到很晚,因为他吃饭会花很长时间。"对于有着医疗需要的孩子的父母来讲,另一个重要的日常照顾是处理这些医疗设施,特殊的程序和指定的医疗需要。

(五) 社会化功能

一般而言,儿童的初级社会化是在家庭及其邻里环境中完成的,家庭是儿童社会化的第一场所。社会化对于大多数人而言是达到高质量生活的至关重要技能。成年的残障人群都会经历友情的获得和缺失的过程。许多家庭在满足特殊儿童的社会化需求方面都遇到了压力。一项研究表明,大多数有问题行为孩子的父母,对他们的儿女是否拥有朋友不抱希望。在另一项研究中,那些特殊的或是有残障可能的孩子的父母更重视孩子的社会互动和友谊。这项研究中40%的母亲表示担心孩子被同伴拒绝,而这会影响他们的自我评价。许多残疾人担心缺少朋友,或是别人不愿意和他们交朋友。

(六) 娱乐功能

家庭娱乐对于儿童来说尤为重要,儿童在家庭游戏中获得知识。对于成年人来说,家庭娱乐可以调剂生活,增加乐趣。因此,对于残障儿童家庭而言,娱乐、游戏、享受轻松时刻对于他们的家庭来说都是生命重要的组成。娱乐包括运动、比赛、爱好或是户外和室内游戏。家庭的文化影响其娱乐和休闲方式。

由于孩子的障碍,家庭娱乐活动可能会扩大,不受影响,或者受到限制。一些孩子或青少年在相关的运动,田径或游戏(例如,围棋或桥牌)中有着特殊的天赋或兴趣,家庭可能会拿出大部分时间支持他的兴趣和参与。一些家庭的娱乐时间缩减了,因为他们孩子的障碍,大众对他们孩子的反对态度,或者普遍缺少容纳等,家庭在外出娱乐活动中受到了潜在的限制,例如餐厅吃饭、度假及购物。比如,聋生的父母会避免去有太多背景噪音的团体游乐场和餐厅。

(七) 教育功能

家庭通常很重视教育。在我们的社会中,教育被视为获得职业、经济及高质量生活的钥匙。对特殊儿童家庭而言,教育功能也是一个重要功能。父母对特殊儿童同样有着教育的需求,有的父母经常会参与到孩子的教育中,他们积极参加孩子学校的活动,并在家庭中充当教育者的角色。

(八) 宗教功能

家庭原本也是传承宗教信仰、进行宗教意识的场所。由于家庭成员之间的血缘关系和共同的生活联系,宗教信仰会相互影响并潜移默化,家庭成员经常持同样的宗教信仰,家庭就是一个宗教场所和单位。不过,在现代社会,宗教与家庭生活分离,有专门的宗教场所和专业的宗教传播人员,家庭对其成员的宗教约束力和强制力也大大弱化,个人具有宗教上的相对自由。

二、家庭功能的变迁

家庭功能的发挥,与整个社会大环境的变迁息息相关。传统的中国家庭,作为社会的中心,承担了大部分的社会功能。然而,自改革开放以来,经济变革和社会发展带来了家庭功能的重大变化。

首先,生育功能逐步退化。中国传统的宗法观念和"多子多福"的信仰带来的是生育功能的强化。自20世纪70年代末,国家在全社会推行计划生育政策,家庭的生育功能不断削弱。有资料显示,自80年代末期开始,我国人口的自然增长率在不断下降。对于特殊儿童家庭而言,如若第一胎是特殊儿童,父母往往不会再冒风险生育第二胎。因此,人口自然增长率的下降,预示着家庭生育功能的退化。

其次,赡养功能弱化。在我国的传统中,老人的权威性无可辩驳,赡养老人即是一种传统,也是一种制度。但在现代化的推进和计划生育政策的推行过程中,家庭养老面临着严峻的挑战,家庭结构的小型化,改变了传统的共同居住模式,在一定程度上削弱了赡养功能。在特殊儿童家庭中,赡养功能削弱,抚养功能增强。因为残障儿童的特性决定了父母对其一生的照料,而非残障儿童对父母的赡养。在这样的家庭中,抚养功能更为突出,更多体现在日常照料方面。

最后,教育功能增强。在自然经济条件下,家庭是子女社会化的重要场所。基本教育是由家庭来承担。学校制度产生后,家庭的教育功能逐渐削弱。然而,在我国,随着社会的发展,家庭规模有大到小发生着变化。现今的社会中,小型化家庭较为普遍,这造成了家庭重心的下移,孩子的教育成为家庭的关注焦点,"子女优先"和"子女偏重"的观念开始左右家庭关系,父母的教育意识不断加强,因此,家庭的教育功能也不断增强。对于特殊儿童家庭而言,教育功能因儿童的特殊性而表现不同,超常儿童家庭注重孩子的天赋能力教育和发挥,残障儿童家庭注重孩子的社会性发展和潜能的开发。特殊儿童家庭的教育功能作为学校教育和社会教育的辅助和补充而存在着。

另外,不同障碍类别的特殊儿童家庭会有不同的家庭功能表现,有研究指出自闭症儿童家庭中,家庭的情感功能和社会功能比较弱,同时,自闭症儿童的父母在生理和心理领域都会产生比较严重的问题。

第三节　家庭互动

家庭互动是家庭成员对相互交往所做出的反应。家庭成员行为的改变是家庭互动的结果,家庭互动的性质和过程会影响家庭教育的结果,因此,家庭互动是家庭教育的基本形式。特殊儿童家庭有其家庭互动的特质,影响着其家庭教育的结果。

一、家庭互动概念

互动时通过交往而实现的互动双方在心里、行为上的改变。家庭互动是家庭成员对相互交往所做出的反应。家庭互动的性质、结构、过程等影响了家庭教育的过程与效果,故家庭互动是家庭教育的基本形式。

家庭是相互作用的社会群体,家庭中充满了互动的成分。个体间的互动,在某种程度上是按照文化的准则和规范进行的。但人绝不是一般性文化规范操纵下的傀儡,真实的人有其特定的欲望和爱好,有其长处也有其弱点,并生活在提供机会,但也受到限制的社会环境之中。家庭就是这样一种由相互作用的个体组成的环境,它为个体间的互动提供机会又做出限制。因此,家庭互动具有以下的特征:首先,家庭互动是非对称性相倚、彼此相倚和反应性相倚的统一体。在一个家庭内部主要的互动关系是夫妻互动和亲子互动,夫妻互动在角色层面上较多地显示为彼此相倚,各自依自己的角色要求行动,自己扮演角色、支配角色、控制角色,对自己、他人均能做出反应。夫妻互动在实际生活场景中表现为反应性相倚,体现为一系列无目的、无计划、随意的、偶发的相倚行为。而亲子互动则较多地显示为非对称性相倚,孩子和父母依不同的准则做出反应。

第二,对情境界定的特殊性。人类的互动是在他们对环境的界定、解释并赋予环境特定意义的基础上进行的。互动是由人们的信念和对情境的解释以及他们给自己和他人行为的社会意义来指导的。环境无论是人为创造的还是自发的,都会影响发生于其中的互动形式和性质。在家庭环境中,成员间的互动正是在对环境的共同界定下产生的,但这种情境是特定的。家庭成员对家庭某一情境的界定是独特的、约定俗成的,有些是不为外界所知的,且保持着许多隐蔽的成分。每个家庭成员均赋予自己家庭独特的含义,从而依据自己的信念来生活,这就是家庭。每一个家庭都是一个独特的世界,并有独特的规则,它体现为家庭互动的独特性。

第三,对完整个体的反应。家庭作为一个互动群体,不同于一般的社会群体,家庭成员是以一个独特的完整的个体参与互动的。家庭中的完整个体包含了个人生命成长的许多方面的特征:个性、态度、行为、品德、情感、个人生命历程等均为互动双方有所了解,即互动者相互之间的了解是全面而深入的。互动也是独特的,它是对某一特定个体的反应,不能转用于他人身上,互动是随机的、有感情参与的,每一互动都涉及他人特征的许多方面。

第四,深入的交流。家庭内人们可以进行深入的交流,互动的范围、性质、形式常常无十分明确的界限。家庭中的互动带有强烈的感情色彩,可以表达在公共环境中不便于表达的感情。家庭内亲密、广泛的交流并不一定都能获得思想认识上的一致,但毫无疑问,家庭互动中的人际交流更为深入。朝夕相处的人们在态度和情感上能够相互鼓励,家庭互动为家人间更深层次的情感和思想交流提供了更多的机会。

第五,亲缘性质。家庭互动是受法律和习俗保护的,是在血缘和婚姻基础上进行的。它不同于一般社会组织内的互动,家庭互动要求成员有大量的心理上的投入,虽然家庭中存在紧张和冲突,但互动双方都有一种归属感,这种归属感不限于面对面的互动,有时家人不在场,互动仍可以发生,如通信、电话等建立直接联系。共同生活并相互依赖的人们能更好地相互了解,更能对相互的权利和要求作出自己的理解与解释。正是亲缘关系决定了家庭互动的高强度以及互动过程中高依赖性的特征,与高强度、高依赖性相伴生的是高义务性。家庭赋予个人以权力,同时也赋予其一定的义务,成员承担义务的程度决定了家庭亲密关系的性质。

二、特殊儿童家庭互动的关系

(一)残障儿童对家庭的影响

家中有残障儿童的出现,对绝大多数家庭而言,无疑是很大的压力,也影响着家庭成员的互动关系。残障儿童的出现之所以会造成家庭的压力,主要源于其身心障碍的问题,且具有持续性和多面性。这些问题所衍生的特殊需求,会导致家庭资源的消耗,家庭成员对压力的感受也会因之而起。残障儿童对家庭的持续性影响,主要表现在不同阶段都有不同的需求,如学前阶段需要的是抚养保育和早期干预的需求;学龄阶段是对特殊教育的需要,以及离校后的职业辅导、独立生活的适应训练、成人教育等需求,这表明残障儿童的需求是持续性的,并有可能是一生都有不同的需求。因此对家庭而言,这是一种长期的负担。而残障儿童家庭的多元性需求,主要表现为有残障儿童的家庭由于残障引起的特殊服务需求是多方面的,如大部分的残障儿童所需要的可能不是某一方面的服务,而是需要在社会福利、特殊教育、医疗康复、职业辅导等方面提供多元的协助。因此,残障儿童家庭会受到这些需求的压力。

残障对家庭成员而言是一种压力,这种压力会对其家庭造成主观和客观的负担。所谓主观负担,是指因家有残障所引发的情绪效应,比如否认、惊骇、愤怒、悲伤、罪恶感、不安、沮丧、退缩等情绪。这些情绪反应可能会持续很久,是一种"慢性的悲痛"。有研究者分析了智障儿童家长的心理压力,发现父亲所受的压力大于母亲,母亲在终身照顾方面压力较大,因为在中国的传统观念中,男性是一家之主,担负着维系家庭和维护家人的主要责任,因而,父亲的压力比母亲的压力大。而所谓的客观负担,是指因残障而对家庭所造成的实质性要求,比如对家庭活动的限制、照顾的需要、财力的负担、对父母身心健康的不利影响、婚姻的冲突等。这些问题可能会因障碍程度的提高而更复杂和严重。因此,残障儿童所存在的问题,会影响其家庭成员的关系。

(二)父母与残障子女的关系

家庭出现特殊儿童,对于父母是一个不小的打击。相关的文献研究显示,生下智障孩子后,父母可能出现的反应包括否认、罪恶感、悲伤、焦虑、恐惧及排斥。面对家有残障的情况,这些父母难免会在初期表现出惊骇、不信、愤怒、孤立无援和自怨自怜,但最后他们大多会逐渐表现出接纳现实,并愿意为特殊儿童提供必要的支持。当然,特殊儿童父母这种心理调适所需要的时间长短不一,但其过程却是大同小异。一般而言,特殊儿童父母的心理调适过程包括否认、争议、愤怒、沮丧和接纳等五个阶段。

　　家长 A:当知道这个事情时,一开始肯定是接受不了的,那个时候反正就不知道哭过多少次了,我在想,同样是小孩,为什么这种事情……(这时妈妈的表情有点不自然,像是要哭的感觉)因为一开始其实也是很难接受的,但是我妈妈跟我说"你要接受现实",后来我就想,既然这个孩子已经到了这个家庭,就算再苦再累也要培养这个孩子,不能让她觉得自己没有用。

　　在否认阶段,由于特殊儿童的出生,父母会对自己孩子的残障问题产生拒绝的情绪,否认这一事实。在这个阶段,特殊儿童的父母为了寻找有利的诊断,会到处寻求专家的解答,以验证自己的想法。当孩子的残障这一现实无法逃避时,父母有可能渐渐会以不可思议或幻想式的思考取代否认的态度,而认为或许在他们从事某些活动后,孩子的问题可明显改善。这就进入了争议阶段。父母希望通过为特殊儿童的服务,或热衷宗教活动,或自身的努力工作,让自己孩子的残障问题有所改善。当这些也无法达到效果时,父母的心理调适就进入愤怒阶段。家有残障的父母在尝试去面对现实时,对其残障子女有着矛盾情绪和罪恶感。他们或认为孩子的残障是由于在生产时医生、护士的不当而造成,使他们遭受这样的痛苦。或者,更多的父母会认为孩子的残障是由于自己的缘故造成的,因而深深自责,充满罪恶感和羞愧,这是沮丧的前兆。自责的罪恶感伴随着焦虑与贬损的自我尊重,将导致父母的沮丧。当父母处于沮丧时,他们的精力会显得疲弱,也难以把家庭重心放在特殊儿童的养育上,更难以与专业人员就孩子的问题进行合作。面对孩子的残障,父母经历了否认、争议、愤怒、沮丧等一系列过程后,将逐渐面对现实,逐渐接纳孩子残障的事实,进而会改变与孩子的关系,关心孩子的成长,参与孩子的活动,并为其寻找相应的资源和支持。

　　另外,不同障碍类别的特殊儿童,他们与父母的关系也各不相同。有研究指出视障儿童父母会更多地对孩子进行过分干涉与保护以及严厉惩罚。他们过度保护视障儿童是由于不敢让他像正常儿童那样行动,担心受人欺负,也不愿意视障孩子与社会上的人过多交往。他们对视障儿童严厉惩罚是由于父母在养育视障孩子的过程中精神和经济负担较重,而当视障孩子犯错误时,父母的失望会比正常儿童父母大,因而会严厉惩罚孩子,还有的父母也存在厌恶、嫌弃心理,当孩子犯错误时,便会严厉惩罚。

(三) 祖父母与特殊儿童的关系

作为祖父母对于孙子女的诞生都会认为是他们生命的继续和延伸。在孙子女出生前,他们满怀期待和喜悦。但发现孙子女是特殊儿童时,他们也遭受沉重的打击。面对残障的孙子女时,祖父母会感到失望和不公,继而会对孩子的配偶感到愤怒,抱怨是由于孩子配偶的问题而产生残障孙子女,同时,他们对失去理想的孙子女而感到悲伤,并对孩子的不幸深感难过。因此,祖父母也会有不同的反应,有的会不断寻求治疗的途径,有的会否认孙子女的残障类型和程度,有的会为孩子承担责任,还有的会从家庭隐退。产生这样的关系,是与祖父母的年龄、性别、性格、与成年子女的关系、在核心家庭中的角色、残障孙子女的年龄等因素决定的。祖父母与残障孙子女的关系,受这些因素的影响而表现不同。

本章思考题

1. 特殊儿童家庭与普通儿童家庭有何不同?
2. 特殊儿童家庭功能主要表现在哪些方面? 为什么?
3. 如何理解特殊儿童家庭亲子关系的互动?

第三章　特殊儿童家庭的生命周期

每个家庭从建立之初到孩子出生、成长等,都有自己的生活周期或生命周期。特殊儿童家庭由于特殊儿童的到来使其家庭的生命周期与普通儿童家庭有所不同。本章从家庭系统理论中的家庭生命周期角度对特殊儿童家庭进行阐述,以期通过了解特殊儿童家庭的生命周期,专业人员或家长能更好地开展家庭教育。

第一节　家庭周期理论

家庭系统中存在各种不同的子系统,各子系统固然有不同的特质,随着时空的转移,这些特质也可能产生变化,同时,家庭系统的内外也有许多变量存在或介入其中,使家庭系统的互动变得复杂。

一、家庭系统

家庭系统中,最常被提及的三个要素是家庭结构、家庭功能以及家庭生命周期。整个家庭系统包括配偶、亲子和子女三个子系统。这些子系统之间的互动受到家庭结构、家庭功能和家庭生命周期的影响。

(一)家庭结构

所谓家庭结构是指会使家庭显得突出的各种成员的特质。这些特质主要包括以下三个方面,即家庭成员特征、文化意识形态以及家庭关系。

1. 家庭成员特征

家庭成员虽有其同质性,但也存在异质性。家庭成员的特征主要包括父母人数或家庭成员的人数、亲属关系、家庭成员就业情况、家庭成员的健康状况等。

家庭所表现的特征不同,说明其可能的需求和所具有的优势也不一样。家庭成员的各项特征的各种可能组合,就会产生许多不同的家庭形态。此外,美国学者Turnbull也认为成员的特征是会因家庭生命周期的变化而有所不同。比如,一个家庭在子女尚小的时候与子女成年后所显现的特征和互动形态是不一样的。

2. 文化意识形态

文化信仰一般被认为是家庭系统中最为静态的成分,它对家庭的意识形态、互动和家庭功能的优先性都有显著的影响。家庭文化涵盖了家庭的信仰、传统和习惯。而可能影响家庭文化形态的是种族、宗教、社会经济地位和居住位置等因素。以文化为基础的信仰也会影响家庭对残障儿童的调适方式,同时对这些家庭的求助能力以及照顾者和照顾机构的信赖程度也有影响。

意识形态是根系于家庭的信仰、价值和应对行为,并受文化信仰的影响。如家庭的育儿哲学、对残障的态度、教育态度、对独立性的看法、工作伦理、沟通方式等,都属于意识形态的范畴。每一个家庭将其意识形态反映在成员的日常行为中。不同家庭的信仰和价值观会代代相传,从而影响家庭成员彼此之间以及与外界的互动关系。一个家庭的意识形态会影响父母对特殊儿童的态度,而父母的态度也会左右其他子女对残障同胞的接纳态度,而且正常子女的态度,对父母接纳或拒绝残障同胞也会产生极大的影响。

3. 家庭关系

一个家庭中可能存在配偶、亲子、子女等各种子系统。每一个子系统对家庭功能的发挥都有贡献。各子系统在实现各种家庭功能时,彼此间的互动关系会出现变异的情况。这些家庭关系的变异情况主要有四种,即子系统的边界清晰还是模糊、家庭成员间有冲突还是和谐、家庭成员的权力以及家庭成员所承担的角色。

子系统的边界清晰还是模糊,这很可能影响家庭中非残障子女,如果子系统边界模糊,则非残障子女会被赋予过多照顾残障同胞的责任,以至于他们无法参加学校的课外活动,或与朋友发展社交关系。由于这类家庭子系统间的界限十分模糊,家长对残障子女往往表现出过度介入和保护的现象。这对残障子女会有不利的影响,而且家长放手让孩子去参与活动也会心存恐惧,这并不利于孩子独立性的培养。至于家庭子系统边界清晰的家庭,特殊儿童的身心需求往往被父母或其他兄弟姐妹所漠视,以至于缺乏家人的照顾和支持而无法获得适当的发展。功能良好的家庭在各子系统间的界限明确,但有弹性,使家庭成员间有亲密感,也有主动性。

一个家庭的成员对某些事情的态度常会出现一致或不一致的情况,这就是和谐和冲突的现象。比如,一个有残障儿童的家庭,夫妻可能会为孩子教育安置而齐心协力,或因此而怒目相向;家庭中如果有其他正常的孩子,也会为该由谁来照顾残障同胞而争论不休。如果出现这样的情况,就会影响家庭成员彼此的互动关系。

　　一般而言,家庭成员的权力以父母的层次为最高,其余基本以年龄而定其权力的等级。不过家庭成员的权力等级并不是恒定的。有人可能在不同的子系统会有不同的权力等级。比如,有的孩子深受父母宠爱,他在亲子的子系统中能享受到较高的权力,不过在子女子系统中很可能权力地位极为低下。

　　一个人在家庭中所承担的角色是多方面的,而且在各子系统中所扮演的角色也具有差异。比如,年长的儿童在子女子系统中可能扮演保护或教导弟妹的角色,但在亲子子系统中可能成为父母保护和教育的对象。事实上,为实现家庭的功能,父母会要求子女扮演各种不同的角色。家庭中如果出现了残障儿童,那么,残障可能会影响当事人原本按照出生顺序而获得的权利和所扮演的角色。有研究发现,身为老大的学前盲童,尽管他在其弟妹中会以领导的角色自居,但不为弟妹所信服。至于身为弟妹的盲童,则会因其本身的残障而更加强化其作为最小的弟妹角色。

(二) 家庭功能

　　家庭存在的价值是它能满足家庭成员生理、心理、社会等各方面的需求,这也就是家庭功能问题。家庭在实现其功能的数量和程度都不相同。一般家庭功能主要表现为:经济的功能、健康保育的功能、休闲的功能、社会化的功能、情意的功能、自我认定的功能、教育的功能、职业的功能等。以上家庭功能的发挥,并不是单一的核心家庭都能提供的,核心家庭需要与家庭外的社会团体或机构、其他家庭成员一起合作才能实现。但家庭在是否及如何寻求外来协助以实现家庭功能方面存在着差异。此外,在发挥这些家庭功能时,其责任的承担者因家庭生命周期的不同而产生变化。如原先是由父母所执行的功能,等到父母年龄大了以后,最后可能由子女或其他家庭成员去承担。

　　一般而言,家庭中如出现残障子女,特别是重度残障,则势必会增加家庭的消费性需求,但不能相对地增加家庭生产的能力。特殊儿童的出现,极可能改变其他家庭成员对自我的认定、降低家庭成员获得收入的能力,并限制了彼此的休闲与社会活动。残障的出现对家庭而言,无疑是一种负担。这种负担在大多数情况下会对家庭资源进行重新分配。在分配过程中,如果某些家庭功能被过分强调,则会影响其他家庭功能的发挥。

二、家庭生命周期

　　家庭生活周期理论解释了一个家庭在时间长河里的变化。这个理论就是每个家庭都会经历固定的定期的阶段。当家庭从一个阶段到另一个阶段时，会进入一个临时期，叫做过渡期。例如，家庭都要经历孩子的出生到孩子的成长，父母学习照顾孩子，知道父母时期真正到来了，孩子学会说话、走路、从家庭进入幼稚园。

个体生活循环阶段在不同的文化中表现不同。一般家庭生命周期有 5 个主要阶段：结婚、第一个孩子出生、孩子成长至成年、最小的子女离家、失落（家庭的晚期生活）。

家庭发展的第一个阶段就是结婚成家。这个阶段的发展任务，一是必须舍弃父母家庭作为主要的情感支持来源；二是发展与配偶的关系，成为最重要的、单一的支持配偶情绪的力量。第一个孩子出生后，对家庭发展而言是另一个具有挑战性阶段的开始。这个阶段的任务，一是有效维持与配偶的关系；二是有效发展与孩子的关系。在孩子成长与成年的阶段，家庭发展任务是改变父母的角色以满足成长中子女不断变化的需求。最小的子女离家，这阶段的发展任务，一是父母能对孩子割舍，给他们独立的发展空间；二是再投入更多的时间与精神在与配偶的关系上。当夫妻在生活中的失落感日趋明显时，家庭已进入发展的最后一个阶段，这个阶段的发展任务是有效地应对失落感。

如果仅仅关注于其中一个家庭成员的生活周期是不够的。家庭生活循环周期包括了在家庭中所有变化的相互作用。例如，一位要照顾 81 岁的老母亲、21 岁的发展障碍的儿子、13 岁的女儿，一周工作 50 个小时的父亲抱怨："我觉得我应该被分成两个人，不管我多努力地照顾好其中一个，另外我觉得我不能满足他们的要求。在某种情况下，我的母亲似乎成为了'我的儿子'，因为她有严重的残疾，需要照顾，而我儿子却变得更独立。"

除了每个家庭和个人在每个阶段必须完成的发展性任务之外，转衔发生在从一个阶段转向另一个阶段的过程中。转衔是指在两个阶段之间，当家庭要调节成员之间的相互作用以及角色为下一个发展阶段做准备的那段时期。当一个婴儿离开早期儿童阶段进入儿童阶段，这个孩子和家庭就处于转衔阶段。随着转衔阶段的到来将会发生以下变化：家庭特征，比如，孩子人格特征的变化；家庭成员的互动，例如，随着孩子的成熟以及他们使用不同的方式与父母进行交流，父母的次系统发生变化；家庭功能，例如，孩子花费更多的时间在学校和家庭作业，以及日常照顾上。当转衔完成（经历转衔阶段要花费一定的时间）家庭生活进入下一个阶段。

应用家庭生活周期理论理解家庭的变化，可以突出家庭在整个家庭生活时间段内的相同规律，以及说明家庭生活的持续性。当专业人员和家庭建立一种关系时,将会了解到他们对于自己特殊儿童融入学校和社区会有一种长久的责任。

第二节 家庭周期的阶段

一般家庭的生命周期大致经历结婚、第一个孩子出生、孩子的成长与成年、最小的子女离家及失落五个发展阶段。这种阶段性的区分基本上是以父母为中心的。如果家中出现了残障子女时,家庭生命周期的阶段性区分就以残障子女为中心,因为家有残障子女无疑是对家庭发展的一种压力。因此,有残障子女的家庭生命周期基本分为四个阶段,即婴儿期、童年期、青少年期和成年期。

一、婴儿期

发现孩子残障的时间,一般与其障碍的性质有关。遭遇残障即时的反应可能是惊吓、失望和沮丧。因此,情绪的调适就成了这个阶段父母及其他家人的首要任务。同时,为获得正确的诊断,也会经常与医护人员接触。因此,在这一时期,父母要抚养孩子以及满足他们的要求。家庭有一个特殊需要的孩子就要面临一系列教育挑战。其中主要的两项挑战是:发现并面对他们的特殊需要和复杂性;参与孩子的早期干预服务。

1. 发现和接受现实

与轻度障碍儿童相比,严重和多重障碍的儿童由于有特殊需要,在出生时就被确诊。在刚出生时,一般会筛选出30种或以上的新陈代谢和基因的疾病。早期诊断有时候会持续地进行,通过对怀孕三、四个月的母亲进行胎儿检查来实现。通过这样的早期诊断,某些家庭可能会选择流产,而其他一些家庭会使用先进的诊断来为特殊需要儿童的出生做准备。

不论是在怀孕期,临产期、婴儿早期诊断出一个孩子有特殊需要,专家认为家庭都会经历一个痛苦的家庭生活转变周期。这个周期与失去心爱的亲人的经历相似。它包括:震惊、难以接受、内疚以及愤怒、羞愧和沮丧、接受。20世纪60年代至70年代的临床研究发现某些资料关注于母亲所经历的悲痛阶段。

这样的一个过程,要求特殊儿童的父母渐渐接受这样一个孩子。孩子和家长都无力接受这样一个现实。如果父母不能对孩子提出可实现的期望,那么在父母眼中,孩子会在日常生活中经历失望和失败。

一位患有唐氏综合征孩子的家长描述了她的感受：医生告诉我小孩患有唐氏综合征的时候，我感觉非常震惊、悲伤、有点失望、恐惧。我害怕从护士手中接过他，我不愿意看到这个"怪物"。但是当护士把他带到我身边的时候，我心软了。但是悲伤和害怕并没有消失。我感觉需要发泄。我认为我们应该勇敢地面对。我怀疑将来试着去面对我的情绪时，这些悲伤的情绪会持续更长的时间。我想说的是，我们需要时间来发泄，我们也需要继续向前，我不认为我们会一下子就接受这样的事实。

一项关于父母在怀孕期如何诊断唐氏综合征的调查显示，60％的受访母亲表示，妇产科的护士都是以消极的态度与她们交谈诊断的结果。一位母亲说到妇产科的评论："这名孩子不能完成任何事情。以我的经验来说他们一般都会选择流产。"

但面对孩子的残障也有不同的反应。一位残疾孩子的母亲，将这样的过程描绘成对残疾诊断产生积极的、充满希望情绪的"庆祝过程"。这个庆祝过程不仅仅是指接受或适应。它主要关注于消极的情绪和行为能带来力量，例如：残疾带来的震惊导致的麻木和挫折是反思之前信仰的好时机，有助于将获得的关于残疾的信息转化成行动；害怕，但可以从家庭成员和朋友那里获得支持；拒绝承认，但可以导致家长进行改变，这样的改变有可能为残疾儿童提供更好的机会等。

一项研究中，父母分享了他们对"拒绝接受现实"的理解。一位作家，是障碍孩子的父母，当她问道她丈夫对他们儿子的早期印象时，他们儿子现在已是一名青少年，她描述了丈夫的反应。她丈夫记得较多关于他们儿子的乐观的发展："我一直心存希望。"[①]

2. 参与孩子的早期干预服务

家长了解儿童的特殊需要仅仅是与专业人员进行长期合作的第一步。孩子的残疾类型已经确定的情况有利于孩子接受早期干预和学前教育。早期干预是指对学龄前有发展缺陷或有发展缺陷可能的儿童及其家庭提供教育、保健、医疗、营养、心理咨询、社会服务及家长育儿指导等一系列服务措施。其目的在于增进家长照顾特殊儿童的知识和技能，增进障碍婴幼儿生理、认知、语言以及社会能力等的发

---

① Gallagher, P. A., Fialka, J., Rohdes, C., & Arceneaux, C. (2001). Working with Families: Rethinking Denial. *Young Exceptional Children*, 5(2), 11 - 17.

展,减轻障碍程度,减少社会依赖,同时减少儿童就学后对特殊教育与相关服务的需求,降低教育成本。早期干预于 20 世纪 60 年代在美国提出。早期干预是由社会福利、卫生、教育等专业人员以团队合作的方式,按照特殊儿童的个别需求,提供有组织、有目的、有针对性的服务,以促进身心障碍幼儿的发展。

美国教育部(2001)实行一项自然学习计划去监测婴幼儿早期干预的过程。结果表明家长对于孩子在发展过程中接受的服务非常满意。资料显示,儿童发展的关键领域,即管理、自助、交流、认知等方面都有发展。超过 2/3 的家长反映,早期干预计划对于孩子的发展产生了重要影响。另外,大多数家长对服务的质量和数量都非常满意。这样父母在他们的亲子关系上也更有自信,他们支持孩子的能力得到发展。同时他们能够和专业人员合作满足孩子的需要。

我国残障儿童家长,在孩子婴儿期时,就开始寻求医疗的帮助,并尽早对孩子开展早期干预训练。他们借助于医院、教育机构、社会团体等力量,积极参与孩子的早期干预或学前教育。有位脑瘫儿童的母亲说:"我的孩子出生时被诊断为脑瘫,在他四个月大的时候,我们就去医院进行康复训练,在他八个月时,我们在朋友的介绍下,去了博爱康健园进行专门的康复训练,一直到进入学校学习之前。我们一直跟专业人员学习如何帮助孩子在家开展康复训练。"

二、儿童期

进入小学之后,家长和孩子的视野扩大了。对于有特殊需要孩子的家庭来说进入小学会碰到新的问题。在专业人员的支持下,大部分家长在小学阶段会考虑两个问题:一是孩子未来的发展;二是孩子适合的融合教育。

1. 孩子未来的发展

残障儿童进入学龄期,慢慢在学校的接触过程中扩大了视野,建立了自己的世界,为日后的独立打下最初的基础。在这个阶段,父母和专业人员要帮助残障儿童找到他未来的希望和发展方向,让残障儿童得到发展目标。一位自闭症儿童的母亲,想象她的孩子 25 岁时的生活:"他能干他喜欢的工作,能获得不错的薪水,能从工作助理那里获得帮助,成为一名纳税者。他拥有他自己的公寓以及一个室友或合租者,以至于他不是孤独地生活。"残障儿童的家长与其他所有父母对孩子的期望一样,希望孩子有家庭、朋友、快乐及有效交流的机会。

一位多重障碍孩子的母亲,描述了期望对于残障儿童家庭的重要性:残障儿童家庭不容许(至少不被鼓励)对于孩子的将来有所期望。如果我们必须期望过去的延续,我应该考虑我们希望尽可能地避免将来所带来的痛苦。……拥有期望不仅仅是计划我们知道如何去到达目标,而是期望可能的事物。

残障儿童家庭对孩子未来的期望能带给家庭积极的力量。父母对孩子有期许,就能有动力为达成目标而不断努力。它是人们心中的力量,是令人钦佩的力量。它有可能被理想所驱使,但是一旦在将来发生(它获得许多人的支持),它不再是一个关注点。人们就可认为它是可以触及到的,认为心中的力量与目标一样有力。相对于一般家庭,残障儿童的家庭需要更多的鼓励、支持和肯定,需要一个积极的发展目标。

阅读

我的声音:Peter 的成功[①]

在我儿子 8 岁半的时候,我写了这本书的前言"令人兴奋的、担心的产物都会在……"

到现在为止,Peter 已经达到了两个人生目标:获得文凭、进入大学。剩余的目标是:独立的生活和工作、获得驾照、结婚、生子。作为 Peter 的父母不再为他取得成就感到吃惊,因为他已经完全控制了自己的生活。

我们去到了 Peter 工作的教堂……

我的丈夫和我现在能看到希望而不是只有担心和无助。Peter 在指导人员的帮助下能独立管理自己的生活。他在波士顿租下了一间自己的小屋并与他的朋友住在一起。他会接受来自于"Threshold program"的帮助并获得支持性就业。他获得了在图书馆的一份工作,有自己的朋友圈子并能使用通讯工具和他们联系。他能独立地往返于波士顿和南加利福尼亚州。他有了女朋友,她也许成为他人生的伴侣。

引用一首老歌:世界真美好!

2. 孩子的教育安置

特殊儿童在学龄期阶段,父母开始考虑孩子的教育安置问题:是进入特殊学校接受教育,还是进入普通学校接受融合教育?

美国教育部最新的有效数据表明,在 6 到 11 岁这个年龄段教育融合程度最高(几乎 57%),这些学生大部分时间在普通班级接受教育(80%或更多的时间)。随

---

① Turnbull, A., Turnbull, R., Erwin, E. J., Soodak, L. C., & Shogren, K. A., (2006). *Families, Professionals, and Exceptionality*: *Positive Outcomes through Partnerships and Trust* (5[th]ed). Pearson. 76.

着学生年龄的增长,融合安置的百分比下降。例如:占 61% 的 12 到 17 岁的学生在普通班级接受教育。语言或言语障碍的学生以及学习障碍的学生占普通班级安置的百分比最高。不能在普通班级接受教育的学生主要包括:视力和听力障碍、自闭症、智力落后、情绪障碍。

特殊需要学生进入小学,大部分的家长开始慎重地思考融合教育的优点和缺陷。部分家长在早期干预和学前阶段就开始接纳融合教育。

对 17 位接受融合教育的特殊需要学生的家长进行调查发现,虽然家长有很多选择,但大部分家长对融合安置持积极态度。家长把普通班级环境与特殊班级环境做比较,得出普通班级环境更能提高孩子的自信心;有利于发展友谊,获得更多的同龄榜样;孩子更快乐;有助于孩子提高学业成绩;有利于为现实生活做准备。

在我国,残障儿童家长对随班就读的态度积极,他们非常希望自己的孩子能够在普通学校接受教育。但现实中,残障儿童家长对随班就读还有很多不满,最主要的是他们认为普通学校还没有完全做好接受特殊儿童入学的准备。因此,对于残障儿童家长而言,给残障儿童一个合适的教育比在哪里受教育更重要。

三、青少年期

青少年期是家庭发展的下一个周期。与其他的发展周期相比,也许青少年期受文化、价值观的影响最大。比如,许多欧洲籍美国人普遍认为他们的孩子在 18 岁左右就成年。家庭的其他成员和年长者会给青少年施加压力。一项关于 1 000 个家庭的研究中,父母认为青少年的家庭生活周期以及成年期是给家庭带来最大压力的两个阶段。

特殊需要可能会减轻或复杂化青春期问题。例如:家长经历很少的反抗和冲突,他们的孩子没有这些行为的同伴模仿者,更少的机会接触酒精和药物,因此他们更少的机会处于高危环境中。另外的一些例子,青少年会越来越孤僻,他们越来越能意识到自己的不同,他们对性的问题感到迷惑,甚至于害怕。在青少年阶段的主要问题是性教育和自我决定技能。

1. 性教育

家庭发展中很重要的阶段是子女进入青春期,青春期的子女行为举止、想法和家人之间的关系受到当时文化的影响,不同文化对青少年规范和期待影响的差异性也相当大。除了文化影响外,每个家庭也会自己解读和调整传统文化对青少年的要求。

美国有一项研究访谈了 24 位家有残障青少年的父母,88%的父母不认为他们的子女对于性有任何的好奇或幻想。父母认为,他们的特殊儿童根本搞不懂是怎么回事,同时,父母也不鼓励他们想这方面的事,父母想到的只是如何防范残障子女不要受到侵犯和伤害。然而,父母这种否认或担心的态度与残障青少年本身完全不同。一项关于女性发展障碍的青少年调查表明大部分都发生过性行为,1/2 的抽查人员报告在发生性行为的过程中至少有一次使用避孕套。相同的,研究表明患有慢性疾病的青少年和残疾青少年与正常青少年在发生性行为,使用避孕措施,初次发生性行为的年龄,怀孕,性取向等方面与正常儿童的比例相似。

因此,残障青少年有必要接受相应的性教育(青春期教育)。遗憾的是,在美国只有 5%的学生在学校教育阶段接受性教育。最近关于由美国联邦性信息教育中心(SIECUS)出版的适用于残疾学生的性教育课程,通过美国联邦性信息教育中心图书馆可以获得。(见阅读资料)

阅读资料

中度和轻度障碍学生性教育信息表[1]

课程名称	出版时间	出版者	价格	适合年龄	适合障碍类型
生命线:男性和女性的生理和情感特征;特殊需要人群的性教育	1988 年	无			智力障碍
生活计划教育:青年发展计划	1995 年		7 到 12 年级	无	所有障碍类型
性与关系:选择健康	1997 年		中学	无	所有障碍类型
中学阶段的健康教育:青春期和生育	1996 年		高中	无	所有障碍类型
家庭教育计划:性教育的课程与培训	1990 年		无	无	所有障碍类型
新的积极形象	1995 年		无	无	所有障碍类型

几乎所有的美国父母都担心他们的孩子(特别是残疾儿童)遭受性侵犯。其中有发展障碍的女性 50%更容易遭受性侵犯,其他人群的性侵犯比例没有统计。一项研究分析了智力障碍成年人在 5 年内的性侵犯情况,得出这样的结论:大约 3/4 的受害者都是 30 岁左右的轻度智力障碍群体。大约 1/4 的性侵犯事件发生在机构

① Turnbull,A.,Turnbull,R.,Erwin. E. J.,Soodak,L. C.,& Shogren,K. A. (2006). *Families,Professionals,and Exceptionality:Positive Outcomes through Partnerships and Trust*(5[th]ed). Pearson. 81.

中,另外 1/4 发生在家里。现在的情况是,事件发生的地点主要包括受害者自己的家里,工作机构,卡车中。虽然大部分家长能预测到来自于谋生的侵犯或在隐蔽的公共场所中的侵犯,这项研究表明:性侵犯仍然会在熟悉的环境和熟悉的人中发生。

家长和孩子需要关于性侵犯和防范性侵犯发生的详细信息。防范性侵犯发生的技巧和知识应该在青少年阶段接受性教育的时期作为关键问题。过去仅局限于一些生理知识的教育,而现在教育内涵更广泛,更关注性心理方面的内容,如性态度的确立、性意识的发展、性别角色的进入、性别身份的认同等。

在我国,残障青少年青春期教育问题也已被关注。在我国经济发达地区的特殊学校,教师们针对教育对象开设相关的课程,课程的内容主要是多侧重于自我保护、卫生保健、异性交往、男女差异、情绪控制、生理变化及行为问题的矫正等方面。

2. 发展自我决定技能

自我决策的基础开始于早期的婴幼儿阶段。促进自我决策经常在青少年这个关键期得到更多的集中的关注,在大多数的文化中,当大龄儿童在日常活动中给予更多的责任时,是为了设定和获得他们的生活目标。

自我决定是指能使一个人参加目标管理、自我调节、自主行为的技能、知识和信心的结合。自我决定的本质是一个人对自己优势、弱势、能力、效率和信心的理解。当这些技能和态度发挥作用的时候,个体有更强的能力去控制他们的生活和呈现成功的成年人角色。文化在自我决定中发挥了特殊的作用。它同样影响儿童和青少年表达自己的优势以及如何解决问题。某些文化传统更注重个体的作用,而其他的某些文化会更注重集体的作用。

文化理论、儿童发展理论以及研究表明,培养孩子的兴趣和确定方向对于发展自我决定非常重要。这适合于青少年,同样也适合于处于儿童期,且需要表达自己选择和展示自己优势的孩子。研究表明,幼儿期自我依赖能力的发展为之后儿童期和青少年期自我依赖能力的发展奠定了基础。

从 1990 年开始,美国教育部资助 26 个模式计划以及 5 个课程发展计划来促进残疾儿童自我决定能力的发展。这些计划的成果在于研究出了大量的培训指导、课程、发展自我决定能力的教材。自我决定产生了许多积极的影响。智力障碍和学习障碍的学生在高中毕业之后的一年,自我决定能力发展更好并从中获益更多,另一个成果是,自我决定可以让学生参与制定教育计划和决策。

父母可以加入到促进孩子自我决策的技能中,使青少年儿童的自我决策变得更容易。同时,可以在家中提高孩子做出决定,解决问题,设置目标的技能。

四、成年期

成年期是家庭生活周期的最后一个阶段。虽然大多数人可以成为成年人,但对于残障者而言却不一定能成为成年人。虽然进入成年期之后,个体有了更多的选择和更强的控制力,但残障者很难获得这些机会。成为成年人之后家长和其他支持体系很难把支持与独立相分离。家长很难做到对自己倾注了很多精力的孩子和青少年放任自流。

成年人的特点主要表现在三方面:自我管理、社会关系、挑战。对于大部分人来说,特别是来自于欧美文化的人们,进入成年意味着找工作和搬出家自立。对于年轻的成年人来说,这意味着更独立和肩负更多的责任。对于家长来说,这意味着放手让他们的孩子独立。这个阶段对于任何一个家庭来说都非常困难,特别是对残疾儿童的家庭带来了巨大的挑战。个人以及家庭所面临的两大主要问题,一是确定高中和大学教育计划和支持;另一是获得支持性就业选择。

1. 确定高中和大学教育计划和支持

接受高中教育有很多原因,比如:获得更好的工作、更高的收入、更成功的生活。接受高中教育受学生自身能力的影响。在美国,大约 3/4 的普通初中毕业生都能接受相同的高中教育,但仅有 1/3 的残疾初中毕业生能接受高中教育。

残疾人大学新生的数量在过去的半个世纪不断地上升。在很长一段时间里人们形成了这样一种假设:大学教育只是适合于轻度障碍的学生,例如:学习障碍、感官残疾(如:视觉残疾,听觉残疾)。严重智力障碍的学生被认为是不能接受大学教育。认知缺陷领域的专家提出了针对重度和多重残疾的学生能接受大学教育的新的范例。他们提出了三种模式:一是完全隔离模式,重度智力障碍的学生在大学校园中接受隔离式的教育(例如,普通初中或高中附设的特殊班);二是融合模式,将隔离环境中学习生活技能和学习正常大学课程相结合;三是个别化支持模式,根据学生的优势提供与学生教育和职业目标一致的个别化服务和支持。

学生和家长在考虑满足孩子的特殊需要,挑选大学教育机构的时候需要专业人员的支持。大学教育机构是否提供特殊的辅助,例如:给学习障碍学生提供学习指导人员,给聋或重听学生提供翻译?学校里是否有轮椅专用道?在学生参加大学日常教育的情况下联邦职业康复计划是否仍然提供个别护理资金支持?学校是否给残疾学生提供独立的办公室？是否有与美国残疾人法一致的书面计划？也就是说，大学教育机构是否提供应有的支持？

虽然在初中和高中教育中家长是孩子的主要发言人，但在大学中孩子应该承担起相应的责任。为成功的大学生活做最好的准备就是在初中和高中阶段发展孩子的自我决定和决策能力，自我提倡技巧，特别是与特殊需要相关的自我提倡能力。

阅读

"我们可以一起！"[①]

高中到大学的转衔民引起了学生的希望和焦虑。对 Piper（一个真正的人的化名，她不想让别人知道她的真实身份）来说是同样的。她是伊利诺斯州的一名高中生。Piper 的梦想——当然也是她家人的梦想——进入地方大学。像许多其他的阿斯伯格综合征患者一样，她和她的家人对大学环境"不言而喻"的期望是非常焦急的。

Piper 是非常聪明的学生，她能很快地学会新材料，在单独的任务和活动中表现很好。但她在社会交往上有困难。

为了 Piper 的转衔，高中转衔团队召开个别化教育计划的制定会议。这个团队包括 Piper 和她的父母，学校的转衔专家，老师，成人服务提供者，地方大学障碍服务办公室的代表人物。

团队建议 Piper 在进入大学之前，至少旁听一门大学课程；旁听可以帮助她了解大学课程的期望，以及在完全进入大学之后的社会交往。

但是，能够去旁听是第一步，第二步是建立一种支持系统。这个团队讨论了来自 Piper 高中学校和地方成人服务提供者的有力支持——或者来自其他代理机构的和 Piper 一同参与到课堂的人员。她和她的家庭质疑这个计划是否符合她的年龄水平，是否会给 Piper 打上烙印。

他们的关心让团队放弃了那个计划，采用了一个不同的计划，换句话说，用"同伴指导"来帮助她。这个方法有两个优点：它处理了家庭对学校——或者服务提供者——基本的支持的自然属性的关心，并为 Piper 和她的大学同学创造了交际机会。Piper 和转衔专家会合作确认 Piper 的同伴指导者，并告诉他们 Piper 的天赋和需要。

Piper 的团队通过在大学里贴传单，并在障碍服务公司作广告进行宣传。这个团队包括 Piper 和经过筛选的志愿者。

[①] Turnbull A., Turntull, R., Erwin, E. J., Soodak, L. C., & Shogren, K. A. (2011). *Families, Professionals, and Exceptionality*: *Positive Outcomes through Partnerships and Trust* (6th ed). Pearson. 86.

在指导者的陪伴下，Piper 旁听课程，和同伴指导者之外其他人交朋友，并学习到了社交的技能。她的父母说起这次经历不仅为 Piper 的大学生活做了准备，也为她作为一个成年人和他人建立友谊方面做了准备。

采取行动！

- 未来是建立在学生和家庭的观念之上的
- 富有创造性；设计不同的计划；选择其中最适
- 配合学生倾向，满足学生需要的计划
- 在学生 16 岁时开始考虑转衔计划，这是障碍者教育法案所规定的（在第六章会学到这个法律）
- 学生和家长都应该包含在转衔计划中。听取他们所关心的事情，和她们交流（沟通），并和他们一起解决他们的忧虑（支持他们——平等地对待他们，尊敬他们）。记住这句谚语："没有我们的存在，不要做关于我们的决定。"这就是平等

2. 获得支持性就业

近年来，许多学者比较"支持性就业"和"庇护性工厂"这两种不同就业形态之间的优缺点，例如，以薪水而言，支持性就业是庇护性工厂的 2.25 倍；就家属和纳税人而言，支持性就业是比较符合理想的一种就业模式等。

要创造一个支持性就业的环境，家庭也是有责任的。家庭不仅是支持、鼓励的来源，更是潜在工作机会的媒介。约有 80% 的支持性就业机会是从家庭的网络联系中开始的。正常人群通过家庭或朋友的关系获得工作，同样残疾人也可以通过这样的方式获得工作。

阅读

患有自闭症的企业家：Aaron[①]

自闭症患者 Aaron Williams 实现了他成为一名企业家的梦想。在他上幼儿园的时候就有了这样梦想。他喜欢坐在离电视 2 英尺远的地板上看电视。他的母亲认为他离电视太近所以她在离电视 6 英尺远的地方画了一条界限。她告诉 Aaron 只能在这条界限之外看电视。几天之后她的母

---

① Turnbull，A.，Turnbull，R.，Erwin，E. J.，Soodak，L. C.，& Shogren，K. A.（2006）．*Families，Professionals，and Exceptionality：Positive Outcomes through Partnerships and Trust* (5ᵗʰed)．Pearson. 89.

亲发现他仍然在离电视 2 英尺的那个地方看电视。他把界限画到了他平常看电视的 2 英尺的地方以不违背母亲的规定。

Aaron 非常幽默而且非常尊重同事。最为一名年轻的成年人,创造的参加工作和交流活动的奇迹有利于其他人意识到他的能力以及在他需要帮助的情况下帮助他。他和他的团队一起制定的一项计划实现了他的梦想。他是 Aaron's fast snacks 的持有者。

Aaron's fast snacks 在密歇根州社区拥有仓库以及八种苏打糖果机器。Aaron 的哥哥帮他在不同的地方提跑业务,他的父母帮助他管理资金和账单。他的生意才开始一年但是他已经准备扩大业务。

开始他的生意不仅仅只是把他作为一个梦想。这样的行为需要勇气、决心、发掘长处的能力。自闭症使他在某些情况下只关心小范围的东西。他利用这样的优势来帮助他克服经营商业的困难。他的父母通过让他整理冰箱和制定购买计划来让他学习存货管理。Aaron 的父亲帮助经营有 260 名顾客的纸业。

如果他仅仅是知道商业和人力方面的知识他将不能达到他的目标。他知道他必需参与社区活动获得社区支持。他希望认识他,他要把他的商业计划告诉他们。但他把他的计划展现在面前时,几个投资者马上给他提供了投资。

因为 Aaron 相信自己能成功所以他获得了成功,他和他的团队经历了很多挑战,多次修改他的计划。他的名片上有他们的照片,但是他不再是未来企业家,他成为了 Aaron's fast snacks 的老板。

本章思考题

1. 特殊儿童家庭的生命周期与普通儿童家庭的生命周期有何不同?

2. 根据特殊儿童家庭生命周期的表现,谈谈其家庭在每个阶段的主要需求。

第四章　特殊儿童家庭的社会支持

家庭在面对压力时,其所拥有的资源及对压力的知觉,往往是家庭危机是否产生的关键所在。家庭资源的有无或多少是比较客观的。一个家庭如有足够的自有资源,对家庭压力的消除有很大的帮助。而家庭如能获得外来援助,同样具有消除或减轻家庭压力的作用。因此,社会支持对家庭适应具有影响。

Caplan 把社会支持定义为多种形式的援助或协助,如家庭成员、朋友、邻居和其他人提供的情感、认知以及重要的支持。根据 Lin 等人的定义,社会支持是"个人依赖于其他个体、团体和大社区所获得的支持"。Sarason 等人把社会支持定义为"我们所依赖的人的存在性和可用性,让我们知道他们的关心、价值和爱"。社会支持包含了个体间或人际间的社会资源的交换,一个人对另一个人积极影响的表达、一个人行为和知觉的主张、给予另一个人象征的或重要的援助。House 把社会支持定义为情感关心、工具性协助、信息和人们之间的评价。情感支持是指尊敬、喜爱、关心和聆听。工具性支持是指援助的种类,包括钱、人工、时间和环境变化。信息支持是指劝告、建议、指令和信息。评价支持是指主张、反馈和社会比较。我国学者认为社会支持是指来自家庭、亲友和社会其他方面(同学、组织、团体和社区等)对个体的精神和物质上的慰藉、关怀、尊重和帮助[①]。因此,社会支持是指个人面对压力事件时所需要的调节和舒缓的资源,它包括来自家庭、朋友、邻居和其他信赖的人及社会机构、团体的情感、信息、评价等内容的支持。

社会支持以及个体对它的感知影响个体的心理适应性,尤其可缓和应激反应,帮助人稳定情绪,减少无助感,增强对自己能力的信心。

---

① 林崇德、杨治良、黄希庭:《心理学大辞典》,上海教育出版社 2003 年版,第 1078 页。

第一节　社会支持的重要性

一、残障导致的家庭困难

家庭中有残障人员出现,对于父母或其他家庭成员而言是长期的挑战和负担。残障者的问题常会带给其家庭多方面的压力。残障者的出现与长期照料的需要导致家庭困难。

首先,家庭的社会接触受限制。这方面最常见的情形是残障者的父母不仅较少探访别的家庭,同时受访的机会也不会太多。亲属间的往来走动也会受到影响,朋友之间的联系也会减少。因而,残障者父母的社会关系在特殊儿童出生后可能产生变化。

其次,家庭会有额外的财力负担。特殊儿童的出现会引发家庭对他的医疗、生活照料等问题,而这些方面的内容会增加家庭的支出,与正常儿童相比,特殊儿童需要更多的额外经济负担。

最后,特殊儿童的照料需要获得多方面的协助。父母或其他家庭成员对特殊儿童的照料是多方面的,即看护、教育、训练、医疗、家中的杂务处理等。残障者的家庭对于这些内容的实施都需要协助,同时,这些协助常会因孩子的残障情况、年龄以及家庭所拥有的资源不同而有差异。就家庭所拥有的资源而言,有特殊儿童的中低收入家庭可能比高收入的家庭遭遇更多的问题和更大的压力。另外,残障者的父母在孩子入学与处于青少年期时,所感受到的照顾压力也可能突然陡增。

特殊儿童的出现虽然不可避免会造成其家庭诸多的压力与困难,但是残障者的父母与其家人并非先天就有承受这些压力与面对这些困难的准备和能力,他们也和残障者一样需要获得各种协助和支持。例如,他们需要情绪上的支持和帮助、父母教养技能的咨询和训练、财政支持、孩子就业辅导、交通接送服务、家庭健康服务等等。

尽管残障者的家庭需要获得社会资源服务和支持,但他们所能得到的社会支持往往比不上非残障者的家庭。因此,如何提供残障者家庭必要的协助是一个值得探讨的问题。

二、社会支持对残障者的重要性

残障者的出现对其家庭可能造成长期的压力和负担,而且多数残障者的家庭无法单凭自己的力量突破其所面对的困阻。他们只有善用社会资源和相关支持，才可以缓解困阻，健全其家庭功能，并使残障者的潜能获得充分的发展。当然在社会资源和支持系统的运用上，残障者的家庭会表现出不同的态度，有的采取积极的态度，有的则是消极的态度。对社会资源和支持系统采取消极运用，就是单纯的资源消费者；相反，积极运用社会资源和支持系统，就是创造资源的意义，例如，为了残障子女的特殊需求获得适当的满足，有些家长会将个人问题转化为社会所关切的问题，以便能获得所需要的服务、改进现有的服务设施、发展欠缺的服务方案，甚至希望残障儿童的需求能获得高度关注，成为决策的优先事项。因此，相比较积极和消极的运用态度，积极地创造社会资源和支持系统，能使残障者可以得到更好的照顾和服务。

因此，社会资源和支持系统对于残障者的重要性主要表现在以下几方面：

第一，社会支持系统的运用有助于残障儿童的身心发展及其家庭功能的发挥。具体而言，社会资源和支持系统的运用不仅会影响残障儿童家庭的生活形态和所获得的福利，同时也可能直接或间接地影响残障儿童父母的教养态度、亲子互动风格、父母对子女的期待，以及孩子的行为发展。

第二，有效的社会支持网络有助于父母排解养育特殊儿童所引发的压力。这样的支持系统带给父母的正面影响是直接的，同时，残障儿童也能间接受益。

第三，有许多支持因素与残障儿童的安置选择息息相关。这些因素包括：祖父母与父母的同胞手足在精神上的支持、父母的婚姻状况、特殊儿童行为的异常程度，以及家中是否出现其他特殊儿童等等。

国内有一项关于特殊儿童家庭教育社会支持的调查发现，在客观支持方面，38％的父母认为，在用于孩子家庭教育的开支中，80％以上的经济支持来源于自己的配偶以及孩子的祖父母等家庭主要成员；约有15％的父母认为，在进行家庭教育时所获得的技术支持（如提供行为矫正的方法、态度一致地培养孩子某方面能力、相互提供好的策略等）中80％以上也来源于家庭主要成员；特殊儿童父母在对孩子进行家庭教育时，其所获得的经济或者技术支持中，给予支持率最高的群体是特殊儿童所在教育机构的老师。在主观支持方面，特殊儿童父母在跟家人就家庭教育问题进行交流时，88％的人能感受到家人对自己的支持，同时，教师还是在这方面给予家长最多支持的人。

认识了社会支持对于残障儿童的重要性后，我们有必要进一步去了解残障儿童及其家人可利用的社会资源和支持系统。

第二节　社会支持类型

在文献中,研究者定义了社会支持的一些类型,并进行了描述。社会支持可以根据是否提供帮助为目的行为进行分类,包括情感、评价、信息和工具支持在内的四种社会支持类型。Smith 等人定义了三种附加的社会支持类型,包括定量的社会支持、定性的社会支持和功能的社会支持。社会支持也依据它的功能进行定义,包括社会支持的六个功能,即依恋、社会融合、价值保证、可信赖的联盟、指导和照顾他人的机会。除此之外,按照社会支持的类型和功能来定义,社会支持可以基于支持资源的提供进行评估。社会支持减少不良适应,防止由于生活的转变和挑战而带来的不幸结果。

一、社会支持的层次

一般而言,社会支持可分成三种生态层次,即亲近的关系,如结婚的配偶关系;朋友的关系;邻里或社区的支持。这三种生态层次中,以来自配偶关系的支持被认为最具积极的效果。而且身为父母者如果能获得适当的社会支持,那么他们对待子女的态度与行为也会比较积极。

在这三种生态层次中还有三种要素,即网络大小、网络密度和界限密度。

所谓网络大小是指被认为会提供各种不同支持,如精神的、医疗的、心理的或有帮助的支持的人数。一般而言,家庭所获社会支持的网络越大,其成功适应的概率也越高。不过,有的家庭的社会支持网络虽小,只要获得高质量的支持,同样可以强化家庭适应的能力。

网络密度是指某人社会网络中的成员彼此认识的程度。网络密度如果较高,那么社会网络中的成员不只是彼此相互熟悉,也会有较密切的互动关系。

界限密度是指社会支持网络中的成员被运用的部分,即父母双方对网络中的成员都认识和利用的人数。

在上述三个概念中,网络大小代表社会支持人脉的广狭,网络密度表示社会支持人脉可能动员的力量,而界限密度则代表实际的社会支持程度。

二、社会资源与支持系统的类型

社会支持的类型有以法令和非法令为基础加以区分的类别;还有从其功能性

进行分类,有情感、信息、评估等类别;还有一种分类就是以有无预设目的而加以区别的正式和非正式的支持。

情感支持,对于所有家庭来说都很重要,但是,尤其是对于那些正经历着心理压力疾病的家庭来讲,情感支持很重要。例如,对于那些有一个残疾儿童的家庭,它很重要。家庭通常会从他们的日常家庭生活非正式的社会网络关系中,得到很多他们所需要的情感支持,例如从他们的家庭成员、他们的朋友那儿获得支持。那些缺乏情感支持的家庭通常会有隔离感、绝望感、压力感。对于某些家庭,一个比较重要的情感支持部分便是家长与家长之间的支持。物质支持包括为家庭提供财政方面以及物理治疗方面的途径,这些路径有助于提高他们的需求目标。例如,物质上的支持,包括食物、居所、衣物、婴儿尿布、医疗设备、儿童照养、玩具等等。如果一个家庭最为基本的需求没有满足,例如,住房、食物,这个家庭就不可能关注高水平的家庭需求,例如他们孩子的教育发展以及孩子的早期干预。信息支持包括了解和理解家庭需要什么样的资源。通常,家庭成员有如下四方面的要求:(1)儿童的残疾类型;(2)有用的支持服务;(3)儿童的一般性发展;(4)儿童使用服务的策略。很多家庭可能对这些方面知之甚少,而且选择从专业人员那里接受相关的信息。

在前面所谈到的三种支持分类里面,每种都可以定义为正式支持或者非正式支持。正式支持,由人和小组成员或者小组代表组成,它们以满足家庭的特殊需求为目的而组织起来。诸如特殊教育、健康照顾、就业训练与安置、住宿安排,甚至是有助于减少残障儿童父母日常生活压力的喘息服务、居家协助、咨询服务等等。至于非正式支持则是由政府与社会机构之外的大集体成员(如祖父母)、朋友与邻里所提供的支持。这种支持对深陷压力之下的残障儿童家庭帮助最大。无论是正式或非正式的社会支持,只要是对残障儿童及其家庭有帮助的都应该是他们所需要的。对残障儿童及其家庭具有帮助功能的社会资源和支持系统常见的有家庭、邻里朋友、学校、专业组织、社会团队等类型。

(一) 亲友

1. 家庭

家庭是一个人生存发展的重要基地,因此,一个人最自然的支持必然来自于家庭。家庭本身是一个系统,这个系统可大可小。小的家庭系统仅限于父母与儿女,大的家庭系统则包括祖父母、叔伯姑婶等。在我国,应当肯定只有大家庭亲属的存在,对家庭需求的满足与家庭功能的维持具有支持的可能性。根据台湾学者吴武典的研究发现,美国有智障儿童的家庭比较仰赖社区的资源,而非家庭本身;至于台湾此类家庭则比较依靠家族的支持。在我国大陆地区,残障儿童家长所获的支持大多来自于家庭。在一项对残障儿童家长的调查中,父母们大都认为来自于家庭的支持多于其他人员或机构给予的。如有位特殊儿童的妈妈认为:"我们家里,包括我父母的支持。对我们这个家,就像我老公换工作啊,都是我父母在支持我们,经济方面啊,我爸爸妈妈都有工作,因为我是独生女嘛,对我还是有经济方面的支持,我爸爸妈妈会与我们定期视频,因为他们都在老家。对我来说父母的存在是很大的一个依靠,一个强大力量。"由此可见,在我国,家庭的支持对残障儿童及其父母是非常重要的。

以家庭本身作为支持系统而言,与残障儿童关系最为密切的是父母和同胞手足,其次才是祖父母等大家庭的成员。而残障儿童父母的角色分配与传统的男女性别角色一致,即母亲多承担照顾子女、家庭管理等责任,父亲则肩负财力供给、保护家庭、房屋和设备维护等传统的男性角色。根据已有的研究发现,残障儿童母亲的年龄与其所扮演的角色有着显著的关系。通常母亲的年龄增长后,其所负担的财务管理和家庭器具维护的责任会减少,但在膳食准备的责任却会增加;此外,随着年龄的增加,残障儿童的母亲比较容易从指导子女学习与管理家庭的财务资源方面获得满足。同时,研究者还发现,随着残障儿童母亲年龄的增加,除了其父母的协助会减少外,其他来自于丈夫、子女、家庭医生、社会团体与教会的支持则会更具有帮助性。也有研究者发现,残障儿童的家庭月收入决定着父母获得社会支持的水平,家庭收入越高,所获的家庭及其他社会支持就越多。

残障儿童的同胞手足可能是除了父母之外,残障儿童可以持续较长时间获得支持的重要家族成员。这些同胞手足因家有残障所感受到的压力与适应的困难,或许没有父母那样严重,但问题的性质是很相似的。他们可以向残障手足伸出援手,但他们也需要支持和帮助。因此,父母在面对残障儿童成长的过程中,不仅要提升自己的教养知识和技能,还要帮助非残障子女发展照顾残障手足的技能,使他们成为残障子女获得长期支持的来源。

除了父母和同胞手足外,祖父母是与特殊儿童关系较为密切的大家庭成员。不过,祖父母能够提供给残障子女支持的程度,需要看他对残障的接纳态度而定。如果祖父母对残障孙子女的出现不排斥,并积极地提供支持,对家庭压力的缓解有很大的帮助。

历历妈妈:我第一个感谢我妈妈,她帮了我很多很多,本来可以安享晚年的,就是为了这个孩子没有休息,现在进入了这个学校后就正常了,因为我们外面的训练在减少,以前要借助妈妈去送接,她帮我承担了绝大部分的家务,(我家)有钟点工,但是妈妈也承担了大部分的家务。

2. 邻里朋友

无论是邻居或朋友,他们能提供给残障儿童家庭的支持和帮助,最常见的是情绪舒缓、日间照料或休闲活动的机会等。邻里朋友的社会资源对残障儿童家庭有着一定的支持功能。

佳佳妈妈反映:阳光宝宝卡是我妈妈告诉我的。因为以前我妈妈家是住在那种老房子的,隔壁邻居都很多,他们也知道我女儿这个事情,然后隔壁有一个邻居是在医院里上班,他说有这种卡的,好去办的。然后我妈妈就去街道,找助残员办了这件事情。

隆隆妈妈也认为:我的朋友们会时常叫我带孩子出去玩。我的孩子患有自闭症,但他们并没有嫌弃他。他们非常关心我,时常帮我打气鼓劲,并带我和孩子一起玩。

(二) 学校

学校的教育人员多受过专业训练,而残障儿童也有相当长的时间在学校接受教育。因此,学校无疑是残障儿童及其家庭的一个重要的社会支持资源。学校对残障儿童提供的直接帮助,包括身心发展状况的鉴定与评估、个别化教育的安排以及提供符合需要的其他相关服务等。这些直接服务是学校与父母共同为残障儿童努力的结果。除此之外,学校还可以为残障儿童家庭提供以下支持:

第一,提供精神支持。学校教育人员如果对残障儿童具有积极的接纳态度,那么残障儿童父母会感受到精神上的支持,从而能接纳和适应家有残障的现实。

第二,提供身心障碍的相关讯息。残障儿童父母对于其残障子女的身心状况、教育安置的选择、未来的展望等的讯息,都有持续了解的需求。学校本身由于学生身心状况的鉴定需要,经常与医疗单位有联系,对学生的发展状况大多能掌握,这往往成为父母了解孩子残障情况的重要讯息来源。

第三,提供特殊教育的专业咨询。一般而言,学校为满足残障儿童的教育需要,会积极寻求多方专业人员的帮助和支持,这些人员包括教师、行政人员、心理学家、社会工作者、医生、物理治疗师、语言治疗师等各方面人才。因此,他们有实力可以为残障儿童家长提供必要的专业咨询,以帮助家长面对家有残障的压力与挑战。

第四,提供社会资源的咨询服务。对于社会上能提供残障儿童家长服务的资源与支持系统,学校大多有了解,可以为有需要的家长提供必要的咨询或联系服务。

(三) 社会团体

这里的社会团体指的是为残障儿童服务的正式或非正式的专业组织,不包括学校。

1. 专业组织

专业组织是指与残障儿童教育、医疗、福利等有关的大学院校及学术社团。如师范院校内的特殊教育系所、特殊教育中心、医学院的相关系科等专业组织。这些专业组织的成立大多以专业人员训练、研究、出版为主要目的。这些组织能对残障儿童及其家庭提供直接或间接的服务。

2. 残障服务机构

广义的残障服务机构包括特殊学校与特殊教育班在内,但此处的残障服务机构指的是特殊学校和特殊教育班之外的残障福利、医疗、职业辅导等服务机构而言。这些机构在针对残障儿童安置、训练或医疗上的需要而设立的。最常见的以康健园、训练中心、发展中心等为名而设立。由于残障儿童的安置、训练或医疗都具有专业性。因此,残障服务机构不仅对残障儿童提供直接的安置与康复训练的服务,也是残障儿童的家人进行咨询或求助的地方。

3. 残障社团

国内的残障社团多由残障者及关心残障者福利的人士组成。目前有视障、听障、肢体障碍等类别的残联社团。这类残障社团以促进残障者的福利为宗旨。参加这些社团的残障成员,由于遭遇和关心的问题比较相近,很容易从彼此的互动中得到情绪的支持,从而有助于疏解压力,并在个人、社交或职业方面获得较好的适应。此外,残障者也可能通过这些社团获得残障福利、训练、医疗等服务资源的相关信息,为自己开拓更大的发展空间。

第三节　学校对特殊儿童家庭的支持

一、以学校为基础的家庭支持服务

家庭对残障儿童的发展会有巨大的影响。要适当地看到这种影响是相互的:家庭影响儿童的发展,儿童影响家庭的功能。因为家庭作为支持残障儿童的首要途径，人们逐渐认识到，社会通过其教育、健康和社会福利机构，有责任去支持家庭的养育职责。

研究证明，当父母积极地参与教育中时，儿童可以在多方面受益。尤其是父母参与到教育中可以促进学生的学业进步。相对于父母未积极参与的学生，父母参与到学校中的学生有着较高的学业成就，较好的行为和较高的动机。

当考虑到家庭的教育参与度，必须要注意一个问题。有研究提到，"教育者根据父母是否积极（积极的定义是根据学校人员的期望设定的）参与孩子的教育来划分"好父母"和"坏父母"的做法是错误的和具有破坏性的"。当对家庭的参与能力超过他们的实际能力时，就会对儿童和父母产生负面影响。关键的解决途径就是与家庭合作并且了解其日常的需求、压力和资源。通过这种合作，学校通过为家庭设定一个现实和舒适的教育参与水平以更真诚地支持家庭。

（一）以学校为基础的家庭支持服务的理论基础

经常被提及的布朗芬布伦纳提的出经典的社会生态模型对于理解和支持残障儿童的家庭具有指导性意义。Berry 指出："社会生态为观察不同的复杂问题提供了一个框架，包括个体和家庭调整自身适应社会，包括残障个体和其家庭要应对的变化。"[1]社会生态理论的提出对家庭对孩子有着最重要的影响。布朗芬伦纳的社会生态模型把儿童和家庭作为更大的社会机构的互动成员，包括学校、家庭在社会机构这种较大系统的互动中，这些机构（比如学校）对于家庭促进残障儿童发展的能力方面产生着积极或消极的影响。从这个意义上说，家庭中心支持服务是为了增强家庭的自主能力以使其在孩子的教育中发挥关键的作用。

布朗芬布伦纳指出："生态环境是一个相互嵌套的结构。"这个嵌套结构包括微观系统、中间系统、外层系统和宏观系统。以学校为中心的家庭支持服务可以对每一个系统都起到积极的影响，以此来增强儿童和家庭的功能。

1. 微观系统

微观系统包括儿童家庭内的互动和相互关系。这种家庭体系承认家庭在儿童发展和生活中起着核心作用。在这个水平上，以学校为基础的支持服务可以通过以下方面帮助家庭：满足它们的情感需求，比如父母和孩子的关系以及养育问题。通过向父母提供关于特殊儿童发展需求的准确信息，学校工作人员培养父母对孩

---

① Berry, I.O. (1995). Families and Deinstitutionalization: An Application of Bronfenbrenner's Social Ecology Model. *Journal of Counseling and Development*. 73,379 - 383.

子有更为现实的期望。父母的现实期望在维持父母子女关系方面起着关键的作用，也是父母为孩子创造家庭养育环境的动力。

学校可以通过为父母提供关于积极养育方式和怎样为特殊儿童提供行为支持方面的信息来提高儿童和家庭的功能发挥。通过积极的养育指导，儿童可以学会在所有的环境背景中都有关键作用的社会技能。更多的关于如何为父母提供支持服务以帮助它们设计和制定积极行为干预将在第九章进行介绍。

2. 中间系统

中间系统是家庭和其他环境或者家庭发挥作用环境的相互关系。这个结构水平的主要关系是家庭和其他社会机构，以及家庭与学校的关系。通过家庭为中心的这种实践形式，学校可以作为家庭和社区支持服务的连接纽带。作为在任何社区最普遍的社会服务机构，学校是家庭和整个社会服务系统的唯一连接点。因此，学校为残障儿童和其家庭提供大量的支持帮助资源是很重要的。

在中间系统水平上，第二个关键关系就是家庭和学校。家庭中心实践的质量在很大程度上依赖父母和学校专业人员互动关系的质量。在中间系统的家庭学校关系可以是机构性质或是私人性质。机构关系是很多家庭参加学校活动（比如邀请家庭参加学校的一场联欢会），以建立对学校认同意识。然而，真正的为教育计划目标的合作关系只能在私人层面上进行培养。

3. 外层系统

外层系统不直接涉及家庭，却可以和家庭之间相互影响。外层系统包括学校、邻居、社会福利系统、健康服务系统以及社区。依据布朗芬布伦纳的观点，在这个水平上的关键问题涉及权利机制以及如何制定决策、资源如何有组织的分配。布朗芬布伦纳认为，家庭如果在某种程度上与组织权力机构有着直接或间接的关系，那么，儿童及其家庭的发展潜力可以得到提高。

4. 宏观系统

宏观系统包括道德和文化价值观体系及政府政策。家庭中心实践在宏观水平上的一个影响就是学校工作人员必须对来自不同的种族、道德体系、社会经济和性倾向背景的各种家庭文化的敏感性。缺少这种文化敏感性，不同的家庭会感到与学校有疏离感。第二个理解宏观系统对家庭的影响是学校必须告诉父母教育政策和资金资源。父母有权利知道在更为广阔的背景下，日复一日影响特殊儿童的教育服务的决策是如何被制定、资源如何分配。图4-1描述了布朗芬布伦纳的社会生态模型，每个系统结构对残障儿童、家庭以及学校中心支持服务的影响。

图 4 - 1

布朗芬布伦纳的
社会生态理论

宏观系统（比如，文化价值观，经济和社会政策）

外层系统（比如，社会服务体系，邻居，社区）

中间系统（比如，家庭与学校和其他社会机构的联系）

微观系统（比如，家庭）

儿童的发展

（比如，父母孩子关系问题，儿童的发展需要，

学校支持（例如，连接社区为基础的支持服务，使家庭学校关系个性化）

学校支持（比如，鼓励父母参与制定教育决策，体系倡导）

学校支持（比如，学校人员拥有的关于多样文化的知识，体系倡导）

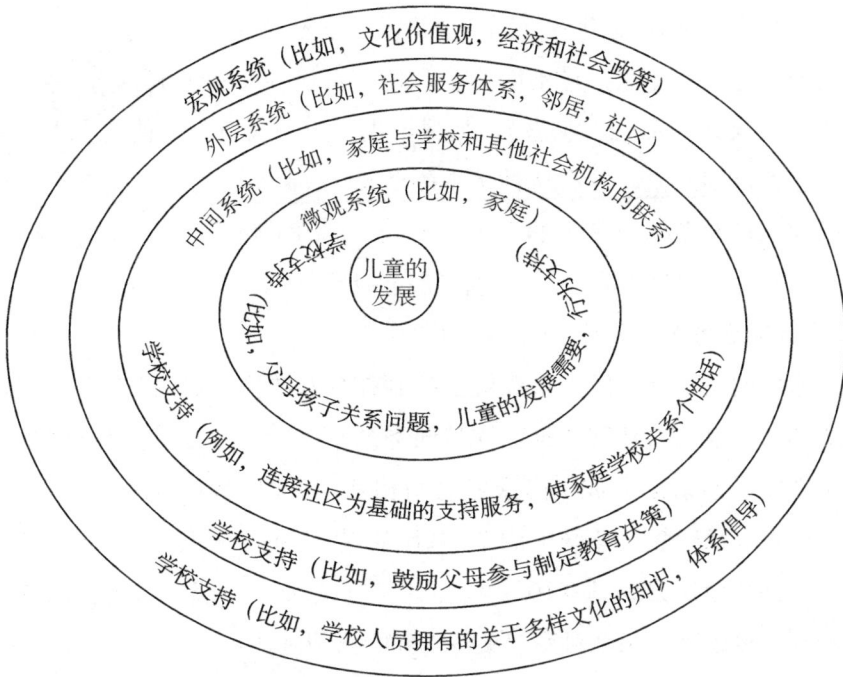

来源：布朗芬布伦纳的人类发展生态理论，1979，剑桥 MA：哈佛大学出版社。

（二）以学校为基础的家庭支持服务的原则

1. 促进与家庭的合作关系

传统上，家庭和专业人员的关系是一种"控制"关系。在这种关系中，父母的作用仅仅是专业人员决策的接受者。一般专家或专业人员使父母在教育决策制定上变得被动。专业人员掌控决策制定，而父母完全依赖于专业人员。事实上，如果父母表达出自己参与教育决策的愿望，会被怀疑甚至受到轻蔑和嘲笑。这种"权利控制"观点逐渐被"权利平等"原则取代，即父母和专业人员关系平等。在这种关系中，专业人员和父母合作获得共同决定的目标。

2. 强调整个家庭的需求

这个支持原则认识到家庭对残障儿童的发展具有显著的影响，而残障儿童也会通过多种方式影响他们的家庭。任何影响一个家庭成员的事件，最终都会影响整个家庭。这种影响表明，残障最好不被看作是个体现象，而是整个家庭现象。试图满足整个家庭需求的服务力图通过保证儿童在家中的教养环境来促进家庭的完整与和谐。

3. 尊重家庭的多样化和经验

当与来自不同民族、文化背景和价值体系的家庭合作时,专业人员必须要尊重家庭中的成员。如果专业人员不能理解和他们自己冲突的家庭行为和生活方式,将会阻碍专业人员对某一个特定家庭情况产生同情。同情可以使一个人尊重另一个超出其生活范围的人。没有这种水平的尊重,专业人员也不可能尊重父母的参与。家长应该被看作他们孩子的专家。家长常常比专业人员了解更多孩子的信息;因此,家长可以更好地告知孩子的技能、互动偏好和一般的动机。

4. 培养家庭构建和利用自然支持网

许多家庭的一个巨大压力来源就是感到孤独和隔离,认为没有人能了解他们正在经历的。以学校为基础的家庭支持服务的一个关键特征就是促进父母-父母支持小组和家庭网络的形成。当家庭之间相互联系时,就可以相互学习,提升经验。当家庭可以从自然支持网中的个体(比如,扩大化的家庭成员、邻居、同事、朋友)获得支持时,他们会感到变得强大,这不同于专业人员或机构提供的支持。自然支持的利用可以减少家庭对专业支持服务的依赖。

5. 承认家庭的优势

医学为中心的模式关注专业人员对残障儿童家庭的态度。医学模式倾向于从残缺和病理的角度看待家庭。实质上,许多专业人员都因为儿童的问题而责备父母。所谓家庭优势就是任何可以使家庭成员为其家庭骄傲和自豪的元素。家庭优势可以包括以下技能或活动:能够增加其幸福感、平衡个体和家庭整体的需求、培养沟通的有效性、帮助家庭获得必要的支持和服务。有时家庭在日复一日的照料残障儿童的过程中,会意识不到家庭的优势。专业人员通过承认家庭特殊的优势增强家庭的功能。

6. 提供灵活的、积极主动的、全面的支持服务

残障儿童和家庭都有个别化的服务,但不是一种方法适合全部就可以达成的。一般学校倾向于僵化和抵制变化。他们倾向于考虑自身需求多于他们服务对象的需求。以学校为基础的家庭支持服务要求学校发展成为家庭的学习机构。通过发展合作团队,学习机构可以更为灵活地应对顾客需求。这样的机构能够在满足顾客需求时更为积极,也更全面。

7. 视家庭为友善的

家庭尽力满足他们孩子的最大利益。具有这种价值观,专业人员可以更好地尊重家庭的决策,这个决策可能与专业人员的决策建议相冲突。更进一步,这个原

则可以提醒专业人员：尽管所有的家庭都有同样的愿望去挖掘孩子最大的潜能，但有些家庭由于超负荷的压力、欠缺的资源和处理能力，还不能达成这样的愿望。这个提醒可以成为专业人员充足的动力，通过努力，强调家庭的需求，以增强家庭对其自身命运产生更为有效和积极的影响。

8. 增强家庭接受服务的能力

家庭经常表达出巨大的弱点是，不确定他们所接受的服务能够有效地养育他们的特殊儿童。对于家庭来说，这是一个控制问题；他们可以掌控所需的家庭支持服务以保持家庭的整体和谐。家庭需要有意识的掌控——他们可以运用自身的能力影响发生在他们身上的事情。家庭应该在引导决策制订过程的同时，考虑他们接受支持的类型和数量。

二、学校为父母和家庭提供的服务

残障儿童的父母与家庭的需求与情况复杂多变，因此不可能采用一个简单通用的需求分类系统。然而，以学校为基础的父母与家庭服务系统要求能够识别出父母与家庭的基本需求与共同需求。因此，为了能够有目的地规划和解决父母与家庭的需求，学校可以围绕五个基本需求要素来做规划：(1)针对学生特点设计有效的教育方案；(2)为父母与教师提供定期、持续交流信息的机会；(3)为父母与家庭提供参与教育、提出意见和进行教育合作的机会与活动；(4)为需要在家对孩子进行技巧训练、管理和辅导的父母提供培训计划，让他们掌握所需技巧；(5)协助父母和家庭成员解决问题、处理问题，为他们提供情感和心理辅助。

(一) 为残障学生提供优质的教育计划

学校必须为残障学生设计优质高效的教育计划，这不仅仅是为了让父母和家庭参与教育。因为这是一项基本工作，学校必须首先满足这项需求，再考虑学生其他需求。学校要确保学生的入读有利于其身心健康发展；确保教职工能胜任其职，承诺让所有学生享受有效的教育；确保教师们采用已得到验证的有效课程和策略；确保重要教育措施的实施，能让学生取得相应的进步和成绩。最后还有一个基本特点，即强调父母和家庭成员有权采取行动，以其他方式参与重大教育决策。让残障学生获得高效优质的教育计划，应该说是父母和家庭的最大需要。

(二) 为父母与教师提供定期、持续交流信息的机会

当父母和家庭确保他们的孩子获得合适的教育计划之后，学校有必要为所有的父母/家庭和教师提供定期、持续交流信息的机会。这两者之间关系的紧密程度

和特性是随各个家庭而变化的。学校教师必须事先制定和选择一些有效的方法，以便定期与父母和家庭取得联系，让他们与学校教师共享有关信息。为了满足父母和家庭获得信息的需要，首先要经常与他们共享信息，并回答他们有关学生评估结果和含义的问题。许多残障学生的父母表示，他们很难获得关于自己孩子的相应评估意见，以及随后的确切定论。另外，许多父母和家庭成员一旦收到评估报告，会想进一步了解相关情况。因此，当父母、家庭成员与学校教师初次会面并进行信息交流时，他们一般谈论的话题与需求，应该是如何帮助父母和家庭成员了解孩子的学校表现以及其中的含义。

教师和家庭成员的初次见面会谈除了与父母交流初始信息和基本情况，向父母与家庭介绍学生的课程外，还旨在联系双方，培养和维持双方的协作关系。这有利于父母和家人发挥他们的潜能，帮孩子提供心理和情感辅导，减轻他们的压力。另外，如果与父母和家庭成员的初次接触效果良好，不仅有利于双方进行持续的信息交流，还能促进学生在学校学习中取得成功。有学者指出，那些经常参与孩子教育的父母和家庭，最倾向于积极地去了解学校情况，与学校教师沟通，而学生的表现则与父母和家人的参与息息相关。因此，如果教师从一开始就与父母进行积极交流，随后继续发展双方的关系，便可以促使父母与家庭成员愿意配合学校和学校相关职工的工作，并与他们交流信息，包括制定学生的个别化教育计划。

父母、家人与学校教师的最初接触至少在一定程度上强调，要从残障学生家人处获得重要的信息，了解他们的现实情况和态度，这有利于学校教育学生。因为残障学生的父母和家庭成员知道一些学校所不知道的信息。父母和家庭一般是残障学生的过往情况和行为表现的最可靠的信息来源。许多教师在与父母和家人初次接触的过程中会通过有组织的访谈形式获取所需信息。在初次接触中，学校还通常会向父母和家庭成员介绍残障学生能享受的教育计划和相关项目。这类信息有利于推动双方以后的合作与沟通，能为家庭提供机会，满足他们了解信息、参与讨论的基本需求。另外，这类信息有助于沟通，能促进家庭与学校之间进行持续沟通和信息交流。

（三）参与、倡议与合作

有些父母和家庭可能需要增强他们与教师沟通时的技巧和参与性，以配合设计、实施和评估为残障学生提供的教育计划。如果父母和家庭希望积极、长期参与有关他们孩子教育计划的决策和倡议活动，他们必然会有这些参与、倡议和合作的需求。也就是说，如果父母和家庭缺少作为适当的教育合作者与倡议者所需要具备的知识与技巧,那么各种法令和政策给予他们的权利与特权,其价值是有限的。因此,学校除了告知父母有关他们自己在与专业人员合作支持残障学生的过程中所担负的责任和扮演的倡议角色外,还应该培训和协助有兴趣、有动力参加这些活动的父母与家人。如果没有接受这种培训和协助,很少有父母能够在各种会议和各种他们参与的决策活动中成为有效的合作者和参与者。

为了满足这些参与、倡议和合作需求,我们必须采取的具体步骤包括帮助父母与家庭成员了解参与各种学校活动和会议(如个别教育计划会议、学生发展报告会议等)的规章制度和程序。这种培训还包括与父母和家庭共享权利、共担责任。同样,这一过程包括通过让父母与家庭更好地享受社区、学校和机构提供的服务资源,培养和允许他们成为教育倡议者。

所有父母都有权利,并希望参与孩子的教育——这些孩子具有特殊需求。然而,他们的参与方式可能会大相径庭。学校应建议所有的父母和家庭都能接受有关教育参与、倡议和合作的培训。然而,并非所有的父母和家庭都认识自己想要或需要接受这类培训。因此,有关教育参与、倡议和合作的培训,最终应由父母和家庭做出选择,让他们决定自己是否愿意参加这种活动、需要这种机会。

(四) 培训父母在家对孩子进行技巧培训、管理和辅导

学校和教师在提供服务和资源时考虑到第四种残障学生父母和家庭的需求,就是培训他们在家里对孩子进行技巧培训、管理和辅导。与参与、倡议和合作问题相似,并非所有的父母和家庭都认为他们有必要接受这种培训,而有些父母虽然能够意识到这些家庭活动的潜在价值,但是由于时间、资源和其他因素的限制,他们也可能很少参加这种培训。针对这种情况,学校和教师要尊重父母和家庭不参与培训的选择。但是,教师可以与父母和家庭沟通,告诉他们可以参加家长培训,介绍在家里对孩子进行技巧培训、管理和辅导所带来的好处。

尽管这不是所有父母和家庭的共同需求,主要应该由父母和家庭做选择,但事实证明,学校和教师可以有效地培训父母和家庭,让他们对自己的孩子实施一系列干预和训练计划。虽然历史上父母和家庭普遍没有为了能够在家里有效实施教育干预而接受这种培训,但这并不能否定该培训的重要性,以及相应服务的重要性。的确,通过培训父母和家庭成员在多种情况下对孩子实施这种实用计划,从而让他们能够配合学校对孩子进行教育治疗,是学校与家长合作的一个重要实例。

许多成功的家庭辅导计划都是采用行为分析或应用行为分析的方法。这些方法要求父母和其他人锁定可观察、可测量的目标行为,然后控制环境条件,并利用各种结果来改变目标反应的频率、强度和持久性。例如,教师会要求家长有计划地漠视孩子的哭泣,强化孩子的合理行为,从而减少孩子发脾气的频率。经过验证,这种做法是比较科学的教育策略和成功的方法。

(五) 残障学生父母解决和应对问题所需的情感与精神支持

学校有责任帮助残障学生父母和家人解决问题的需求,为他们提供情感和心理辅导、咨询及相关协助。正如参与、倡议和合作需求,以及培训父母在家里对孩子进行技巧培训、管理和辅导的需求,并非所有残障学生的父母和家庭要求接受解决和应对问题所需的情感与精神支持服务。然而,由于这些需求较为普遍,所以尽管它们经常被忽略,但是许多特殊儿童的父母和家人至少会偶尔要求学校提供情感辅导、心理咨询,以及其他临床与社会支持。这种需求还包括危机调停、争端解决和有关教育发展、个人和相关问题的咨询,所以这些相关服务更要求学校和教师的考虑和参与。

许多特殊儿童的父母和家庭至少偶尔会需要情感和精神上的支持。许多教师所设计的让家长参与的活动和计划,是基于一些没有事实论据、过于简化的论述,这些论述介绍的是残障儿童对家庭的影响,以及父母和家庭如何学习接受与适应有特殊需求的家庭成员。教师经常会错误地认定,父母和家庭对特殊儿童的反应是可以预知的、共通的,所以他们都会按照一定的顺序度过一系列阶段,他们在抚养特殊儿童之后,都具有相似的情感经历和需求。关于这种情况,研究者已经做出评论,他们认为虽然父母和家庭在适应特殊儿童方面总体上有一些固定的方式,但是各人和各个家庭之间依然存在明显的差异。研究者还指出,父母和家庭对有特殊需求儿童的反应和经历受到若干因素的影响,包括可用的资源和辅助服务、双亲家庭还是单亲家庭、经济条件、孩子残障的程度和特点、家庭实力,以及无数相关变量。父母和家庭没有共同的经验过程和需求。另外,如果教师假定父母和家庭具有共同的、可预知的服务需求,便无法有效地服务父母和家庭。因此,当教师在理解和支持为解决具有共同经历的父母和家庭的需求而提供的一般服务模式时,必须以分析父母和家庭的具体需求和偏好为基础。

三、帮助家庭处理儿童挑战性行为并促进其社会性发展

儿童的发展无法避免问题行为。这些儿童的问题行为超出了正常发展的定期或具有大部分普通幼儿所不具备的强度和频率。

如果儿童不懂得如何使用一系列复杂的沟通方式和社会技能来表达自己的需

要、提出抗议或者取得关注，那么他们就会产生诸如抽噎、哭闹、攻击、发脾气、咬人，或者不顺从的问题行为。当儿童长大一些，他们会发展出常规的、社会所能接受的方式来进行沟通和学习社会技能，此时，这些问题行为就会开始减少。相反，如果他们没有学会这些沟通方式和社会技能，那么他们的挑战性行为会变得更剧烈（如长时间地发脾气）、更频繁、更严重（如自伤行为），其程度远远超出了正常发展中可能经历的挑战行为。严重的挑战性行为可能不会随着年龄的增长而减弱，而会在发生频率和严重性上持续加剧。

研究表明在学前阶段出现的问题行为持续到青春期和成年期的可能性非常高。患有情绪困难的青少年有很长的问题行为史，这段历史甚至可以追溯到学龄前。在学龄前发现的问题行为非常稳定，会在未来的3—7年内持续出现。

(一) 挑战性行为对家庭的影响

挑战性行为影响整个家庭的生活质量，也会影响儿童的生活质量。存在挑战性行为的幼儿在早期的童年活动中就会受到驱逐，儿童参与游戏活动的机会受到限制，并在同伴游戏中遭遇困难。当儿童表现出挑战性行为时，家庭生活也往往会受到负面的影响。家长报告说挑战性行为的发生影响了整个家庭系统，造成了多方面的压力，包括：(1)婚姻；(2)参与社交娱乐活动的机会；(3)有效养育儿童的能力；(4)接受社会支持的机会。如，家庭成员不愿意拜访亲朋好友，也不邀请其他人来家做客。有些家长还报告说孩子的挑战性行为使他们精疲力竭、非常困扰、感到对自己的生活失去了控制，以及受到了社会的孤立。

阅读

挑战性行为对整个家庭的影响[①]

丹尼是一位2岁的自闭症患儿，他存在许多严重的行为问题。丹尼和丹尼的母亲、父亲以及7岁的姐姐艾米生活在一起。他频繁地发脾气，一天大约要发作10次左右，每次持续的时间从20分钟到2小时不等。当丹尼发脾气时，他的行为会逐步升级，发展到最严重的时候他会用头猛击地面或其他坚硬的表面（如，床角、门框）。丹尼的睡眠没有规律可循，他常常半夜起来在房间里徘徊。当母亲试图拉他回床上时他就会发脾气。由于母

---

① Mcwilliam，R. A.，Harris，K. R.，Graham，S. (2010). *Working with Families of Young Children with Special Needs*. The Guiford Press. 239.

亲担心老师无法处理丹尼的行为，因此她安排丹尼从幼儿园退学。母亲也不敢把他和其他照顾他的人单独留在房间里。艾米不能参加足球俱乐部和其他课外活动，因为母亲没有办法既照看丹尼又要开车送女儿去参加这些活动。丹尼的母亲建议艾米带朋友回家来玩，但是艾米拒绝了这个提议。艾米经常要求母亲带她去公园、图书馆或商场，但是母亲认为她在这些场所无法管住丹尼。当丹尼的父亲晚上回到家里，他也体会到了家庭中紧张和压力，但当要努力改善这样的情形时，他又感到无所适从、非常沮丧。

丹尼家庭的压力开始影响所有家庭成员的生活和幸福感。当为存在儿童问题行为的家庭服务时，很重要的一点是认识到问题行为作为压力源对家庭的影响，并且同时为整个家庭和儿童本身提供指导。

（二）提供支持的方法

教师在考虑如何支持那些存在儿童问题行为的家庭时，必须要意识到在特定文化背景下挑战性行为的意义。每个家庭对哪些行为是可以接受和容忍的，都有其独特、偏好的视角。当围绕问题行为对家庭提供支持时，必须了解到这种文化差异，因为这些差异会影响到许多方面，如在这个家庭中适合讨论哪些话题、如何根据儿童的行为来鉴别出优先需求、不同的行为标准和行为干预方式的社会接纳度如何，以及对干预结果的评价。

这里所讨论的帮助家庭处理挑战性行为的方法基于一些重要的假设。首先，残障儿童的挑战性行为是有目的的。这不是指残障儿童故意做出挑战性行为，而是指这些挑战性行为能够使成人或者同伴满足残障儿童的需要。在这种情况下，可以把问题行为看成是有目的的。另一个假设是残障儿童持续产生问题行为是因为这些行为是有用的。当幼儿表现出问题行为后，通常的结果是获得了某件东西、能够参与某项活动，或者获得了他人的关注。最后一个假设是当残障儿童通过问题行为使得他们的需求得以满足时，最有效的干预是教残障儿童替代的社会性和情感性技能。

1. 理解家长的担忧

与家长讨论残障儿童的挑战性行为是一件敏感的事情。许多家长报告说由于感到被他人评判自己做的不好、教养技能不良，所以拒绝请他人帮自己解决儿童的问题行为。教师必须小心而敏锐地察觉家庭对这一问题的容忍度，并且适度地展开讨论。

当与家庭成员谈论挑战性行为的时候,教师需要向这个家庭收集一些信息,在此过程中不能表示出警示或评判家长的对错。教师要使家长把自己看作家庭的合作者,是来帮助他们更好地完成家长职责的人。如果教师对收集到的家庭信息表示反对和震惊,并因此阻碍了自己向家庭分享信息,那么家庭也不会继续分享他们的信息,他们不会再要求干预者的帮助。当家庭开始以一种开放的态度对待残障儿童的问题行为时,教师就能够获得一些非常重要的信息,这些信息将帮助教师理解残障儿童的行为,这时,教师可以通过下面几个问题来了解家庭的需要:(1)哪些行为是最成问题的?(2)你曾通过哪些措施来处理这些行为?(3)这些行为导致了哪些日常活动受到了严重影响?

当家庭成员回答这些问题时,教师应当怀着同理心和信任之心来收集这些信息。在与家庭讨论这些问题行为时,家长对残障儿童行为的个人价值观、教养行为、家庭教养历史都会影响到教师的反应和对此的观点。教师必须保持客观、开放的态度、并且乐于为家庭提供支持和帮助。如果教师对某个问题过分明显地表露出自己的偏见,那么对方就可能会把个人观点和个人情绪隐藏起来。

2. 提供积极的家庭教养方法

与家长讨论残障儿童的挑战性行为时,教授家长特定的策略可以解决残障儿童的许多行为问题,比如教授残障儿童恰当的行为方式和建立行为目标。家庭可能不知道怎么来使用这些方法,也可能需要一些额外的支持来学习这些方法。

家长能够使用的最有效的两项家庭养育方法是表扬儿童行为和表达积极期望。不幸的是,当家庭面对问题行为时,他们总是反复地对儿童说"停下来","不要","不对",而不是指导儿童应当怎么做。除此以外,通常,家庭因问题行为而遭受打击,从而当残障儿童表现出家长所期望的良好行为时,他们也没有对儿童特别地赞赏。使用特别的、差异化的赞扬有益于帮助儿童建立良好行为。家长常常忽视了使用表扬对增加良好行为、消除不良行为的作用。缺乏表扬会导致不恰当的行为以及更少的积极行为。表扬只需占用相当少的时间,却能够有效促进儿童的良好行为。一些家长可能会因此留意儿童表现出良好行为的时刻,但是对教师而言,分析家庭成员在什么情景下会自然地表扬儿童,并且对使用表扬后的效果进行分析,这样做就会更加有效。

在指导家长使用表扬时,教师不仅要考虑到表扬的语言和行动,也要考虑到提供表扬的方式。关于如何表扬残障儿童有以下几点建议:(1)获取儿童的注意;

（2）使用与行为相关的语言（如，描述儿童做了什么）；（3）避免同时使用表扬和批评；（4）表扬时要满怀热情；（5）如果同时伴有肢体行为，表扬的效果将会加倍（如拥抱、抚摸、击掌）；（6）在他人面前表扬儿童。

另一种有效的教养方法是表明对儿童的积极期望，这种方法能够恰当地指导残障儿童的行为。对于有残障儿童而言，家长需要了解怎样用儿童理解的方式向儿童表明期望。教师要指导家长怎样使用残障儿童理解的方式来指导儿童，从而使儿童明白家长对自己的期望。比如，对一个患有视力障碍的儿童，教师可以告诉家长怎样同时使用物体和语言要求来帮助儿童完成日常活动，如给儿童香皂，并且告诉他："该去洗手了。吃饭前先要洗手。"或者使用图片来帮助自闭症儿童完成早晨的一系列日常活动，如穿衣、吃早饭、刷牙以及上车去学校等。

除了希望残障儿童能够听从指令或者顺利完成生活常规，家长还要考虑建立一些家庭行为目标，然后把这些行为目标交给残障儿童。当鼓励家庭来建立家庭行为目标时，应当指导家长确定几条规则（3—5条），这些规则最好在不同的情景下都能够使用。比如，"告诉成人你要去哪里"、"收拾干净"以及"使用语言来解决问题"。鼓励家长张贴这些规则，并使用各种能让残障儿童理解的方式来表述这些规则（比如，使用儿童表现出这类行为时的照片）。一旦建立了规则，家长就需要了解如何教授儿童这些行为目标。

表 4-1 教授行为目标[1]	1. 小步走。儿童需要我们将任务进行分解。在让儿童独立完成某项技能前，我们需要先帮助儿童学会怎样使用这些技能。这就包括了告诉他们怎样完成部分任务，然后完成整个任务，或者先要求他们只完成一小步。 2. 复习、复习、再复习。当你学习新东西时，往往需要重复练习多次才能真正掌握。儿童也是这样。如果你只是一次性地把规则交给儿童，而不帮他一次又一次地复习，那么他们就会忘记规则是什么。 3. 练习、练习、再练习。任何一个学过乐器或者学过某项新的体育运动的人都懂得必须多多练习才能掌握某项技能。儿童学习新技能时也需要大量练习（以及鼓励）。 4. 帮助而不批评。如果你试图学习某个新的舞蹈步伐，而你的舞伴说，"你在干什么？你真是个差劲的舞伴。"你还会继续尝试学习吗？当我们学习新事物的时候，我们需要其他人的鼓励。 5. 庆祝成功。当你的孩子开始了解规则并且遵照规则行动，你可以小小地庆祝一下。这类庆祝可以小到与儿童击掌欢呼一次，也可以在晚餐时与儿童复习规则，然后奖励给儿童一份甜点来庆祝儿童的成功。

---

[1] Mcwilliam, R. A., Harris, K. R., Graham, S. (2010). *Working with Families of Young Children with Special Needs*. The Guilford Press. 246.

3. 有效应对问题行为

许多家庭需要了解怎样应对儿童的问题行为才能避免强化这些行为。有些简单的方法对处理儿童惯常出现的问题行为非常有效。

(1) 有计划地忽略

残障儿童常常会表现出一些小的问题行为,比如哭闹、发出噪音、嘲笑他人,试图通过这些方法来取得养育者或者同伴的关注。如果通过这些行为成功地获得了关注(不管是积极的还是消极的),那么残障儿童就会知道这种方法是有效的,这样就增加了他继续使用这些行为方式来取得关注的可能性。在为家庭提供支持的过程中,教师可以帮助养育者分辨两类行为:(1)为了获得关注,但没有什么不良后果的行为;(2)非常危险且具有扰乱性的行为,家庭需要针对第二类行为设计行为支持策略。在讨论这一问题时,教师通常要先询问家长为什么儿童表现出这类问题行为,以及这些问题行为是不是有害的。如果家长认为该行为是为了获取关注(如,"他就是想要我过来"、"他这么做是为了惹我生气"),那么干预者应当询问家长当表现出该种行为之后儿童获得什么。如果家长能够分辨出行为是为了获取关注,而且该行为确实达到这种效果(如,当表现出问题行为后,儿童确实获得了关注),那么家长就已经做好了充分地准备去学会怎样有选择地注意儿童行为,并忽略那些为取得关注的小的问题行为。

(2) 如果—那么规则

如果—那么的规则能够有效帮助残障儿童服从成人的指令。如果—那么的规则意味着当残障儿童服从成人的要求时,成人需要即刻给予儿童想要的东西。比如,当父母说"如果你把玩具都捡起来,那么你就可以看电视"或者"如果你坐在椅子上,那么你就可以得到一根棒冰"时,要心平气和地告诉儿童这些规则,而不是在生气、惩罚、哄骗残障儿童时使用这种方法。

(3) 改变行为方向

改变行为方向是应对残障儿童问题行为的另一种有效方式。父母可以使用身体提示或者语言提示的方式切断残障儿童的问题行为,指导儿童参与其他的活动。语言提示可以分散残障儿童的注意力,为儿童提供参与其他活动的选择。比如,残障儿童想要获得成人的关注,而此时成人正在接一个重要的电话,那么此时另一个成人可以对儿童说:"嘿,宝贝,我们玩积木吧。"

(4) 合理的行为结果

合理的行为结果是指对残障儿童的挑战性行为给予一个合理的回应,因为行为结果会对行为本身产生影响。这种方法能够有效地代替批评和指责。合理的行为结果能够通过行为的结果来指导残障儿童怎样表现出良好行为。比如,残障儿童向妈妈扔积木,所以家长把积木拿走。使用合理的行为结果这一策略之前,家长最好用语言提示残障儿童,给儿童选择的机会:"如果你继续扔积木,那么我就会把积木拿走。"家长说这些话时应当保持冷静、清晰地表明要求、对残障儿童表示尊重。只有当残障儿童明白了家长提供的选择代表了什么,并知道如果继续表现出问题行为的话会产生何种结果时,这项策略才是恰当有效的。

（5）保持冷静

保持冷静这项策略对很对家庭来说都是很有用的。用最少的关注、避免生气的情绪、冷静地回应残障儿童的问题行为能够避免强化不期望的行为。此外,如果家长能在问题行为面前保持冷静,他们就能够更多地思考如何应对残障儿童的行为。教师要指导那些习惯于快速、气恼地回应残障儿童问题行为的家长,在回应儿童问题行为前,退后一步、做一次深呼吸,再来思考如何应对。

本章思考题

1. 特殊儿童家庭的社会支持资源主要有哪些?
2. 学校应该为特殊儿童家庭提供怎样的支持?
3. 试设计针对某一类特殊儿童家庭的支持方案。

第五章 特殊儿童转衔阶段
的家庭教育

特殊儿童成长过程中有多个衔接阶段，面对不同的衔接阶段，其家庭都会面临不同的压力。这些压力的存在，需要特殊儿童家长有相应的应对策略，以解决特殊儿童的问题以及家长的问题。本章内容以压力理论的视角，阐述了特殊儿童家庭在转衔阶段面临的问题，以及解决的策略。

第一节 压力理论

压力在特殊儿童的成长过程中一直都存在，但在儿童面临成长转折时刻，家庭所感受的压力会增加。因此，在转衔阶段，家长所承受的压力会超出以往。如果不能很好地缓减压力，将对其家庭教育产生不良的影响和后果。

一、压力及其应对方式的理论模型
在探讨家庭的社会生态时，压力是经常被提到的问题。
(一) 压力的概念
Holroyd 和 Lazarus 关于"压力"的定义被普遍接受，即当"环境和/或内部需求超出个体所拥有的资源所能掌控的范畴时"[1]，压力就会存在。Walsh 则进一步指出，压力可通过三个层面体现：生理（即对身体的影响，如疲劳，衰竭，心血管过疲，免疫反应降低，头痛，肠胃不适，食欲下降，和抵抗力低等），心理（即认知和情绪上的反应，如震惊，恐惧，烦躁，愤怒，内疚，悲伤，无助感，注意力不集中，思维混乱，自我评价低，自我效能感低，等等）和社会性（即对一个社会单位，例如家庭，造成

---

① Holroyd, K. A., & Lazarus, R. S. (1982). Stress, Coping, and Somatic Adaptation. In Golderger, L. & Breznitz, S. (Eds.), *Handbook of Stress: Theoretical and Clinical Aspects* (pp. 21 - 35). New York: Free Press.

影响）[1]。压力是心理压力源和心理压力反应共同构成的一种认知和行为体验过程。压力是有机体在生理或心理上受到威胁时出现的一种非特异性的身心紧张状态[2]。

特殊儿童家庭首先会经历心理上的压力，一个家庭应对刺激（指发现孩子患有障碍）的适应力和调节力会决定每个家庭成员乃至整个家庭将经受的生理和社会性压力的程度如何。

一个家庭应对压力的过程是个调节和适应的过程，也是一个调动个人内在因素、家庭内在因素乃至整个社会的帮助的过程。应对压力即一个家庭为了消除或减少受到的刺激、承受刺激带来的困难或寻求新的危机应对方式而采取的措施。

（二）压力应对方式的理论模型

应对是个体处理压力的过程，包括对内部压力和外部压力的处理。通常开始时认识到压力事件是有害或有威胁的，接着认识到应采取何种方法来处理压力。其主要作用是消除不适感，改变人与环境之间的关系[3]。

有效应对压力对残障儿童家庭极其重要。一个家庭在多大程度上能够妥善应对压力，会影响到家庭的功能、家庭带来的满足感、家庭的效力感以及孩子的生活。事实上，有效的压力应对能够提升家庭生活的质量。Park 和 Turnbull 将家庭生活质量定义为："1. 家庭成员的需要被满足；2. 家庭成员享受家庭生活；3. 家庭成员能有机会追求对于他们有意义的目标。"[4]由于家庭压力和儿童行为问题的不断增加，从积极方面来看，有效的应对技巧所创造的积极家庭环境能帮助孩子开发他们自身的适应和应对能力。此外，随着父母对孩子教育的更多参与，父母应对能力不断提高。

对家庭压力的低效应对会损害教养技巧。例如，父母对待压力的消极抑郁与抚养孩子过程中来自父母的回应不断减少有着一定的关联。积极的父母与孩子的互动关系有利于孩子的认知培养，并为学校教育奠定坚实的基础。研究表明，在同等条件下，父母所采取的压力应对策略若适应性较弱，则会导致低质量的抚养教

---

① Walsh, I. (2003). The Psychological Person: Relationship, Stress, and Coping. In Hutchinson, L. (Ed.), *Dimensions of Human Behavior: Person and Environment* (2nd ed., pp. 185 - 218). Thousand Oaks, CA: Sage.

② 林崇德、杨治良、黄希庭：《心理学大辞典》，上海教育出版社 2003 年版，第 1575 页。

③ 林崇德、杨治良、黄希庭：《心理学大辞典》，上海教育出版社 2003 年版，第 1574 页。

④ Park, J., Turnbull, A. P., & Turnbull, H. R. (2002). Impacts of Poverty on Quality of Life in Families of Children with Disabilities. *Exceptional Children*. 68(2), 151 - 170.

育,并对孩子社会性的发展产生消极影响。

1. Hill 的"ABCX"模型

"ABCX"模型最初由 Hill 创建,作为检验家庭从压力的不良影响中恢复的有关因素的框架。在 Hill 的模型中,A(刺激性事件)、B(家庭应对危机的资源)与 C(家庭对此事件的界定)相互作用产生了 X(危机)[1]。

例如,刺激性事件 A 可以是一个兔唇患儿的出生,它可能会带来正常的压力(即孩子的出生给家庭带来的改变)和不正常的压力(如新生儿需要特别的医疗护理)。家庭应对危机的资源 B 可能包括医疗护理和健康保险等。家庭对此事件的界定 C 可能是此情形很不好因为家里无力提供足够资金来保证孩子所需的治疗和矫形。这些共同作用会产生 X,即危机。

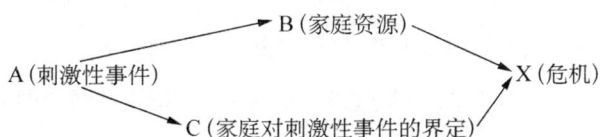

图 5-1

ABCX 模型

ABCX 模型关注的是危机前的因素,或说缓冲因素(B 和 C)的互相作用,以及他们对 X 因素的影响。B 和 C 决定了家庭如何看待事件造成的结果和所发生的变故。B 因素是指家庭所拥有的化解危机的资源,家庭的结构和价值也都被包括在内。第二个危机前因素 C 代表了家庭对刺激性事件的主观界定,不同的界定取决于对事件严重性的认识和家庭所预测到的事件带来的困难。危机前的因素决定了危机是否存在以及危机的程度。导致危机的是刺激性事件 A,Hill 区别了正常刺激性事件与非正常刺激性事件。正常事件是家庭生活中通常会遇到的(如孩子的毕业,孩子离家生活等),而非正常事件是给家庭带来消极情绪的突发和意外事件(如残障儿童的出生)。

2. McCubbin 和 Patterson 的双 ABCX 模型

McCubbin 和 Patterson 扩展了 Hill 的框架,创建了双 ABCX 模型。此模型主要关注家庭适应性,即家庭在危机发生后经过努力达到一种新的平衡[2]。此模型还

---

[1] Hill, R. (1949). *Families under Stress*. New York: Harper.

[2] McCubbin, H. I., & Patterson, J. M. (1982). Family Adaptation to Crises. In McCubbin, H. I., Cauble, A. E., & Patterson, J. M. (Eds.). *Family Stress, Coping, and Social Support* (pp. 26-47). Springfield, IL: Thomas.

注意到,在某一特定事件之前,家庭内部就可能存在不断累积的需求,当新的需求伴随着压力事件(如残障儿童的出生)产生时,二者的共同作用可能就超出了家庭的适应能力。

在双 ABCX 模型中,四个因素都有所扩展。aA 因素指家庭变化和压力,同时特别指明了积累的压力。在危机中,有三种压力可能会积累,即最开始的事件引发的压力,家庭变化引发的压力,以及在危机中可能累积的压力。bB 因素是应对刺激性事件的家庭资源。cC 因素被定义为"家庭对最开始的事件的界定,加上其他压力(即 aA 因素)以及对其资源的认识(bB 因素)"。最后,xX 因素,即家庭危机,包括了家庭对事件做出危机后的调整的适应过程。家庭的适应就代表了一个成功的结果,因为家庭的统一性得以维持,家庭成员的利益得以促进,家庭这一系统也得以强化。继续以兔唇患儿的家庭为例,阐释双 ABCX 模型如何运作,此例被设定了一系列前提:

"这个家庭可能由于父母失业已存在一些压力(aA),但他们可能会认为(cC)问题不仅仅在于他们有限的财力,也在于他们解决问题的能力(bB)。母亲可能想起一位专业人员曾在育前教育课上提过孩子和家庭可以使用的一些社区资源。"[①]

这个过程明显体现出在面对压力及处理压力时家庭适应性的重要,整个过程可如图 5-2 所示:

图 5-2

双 ABCX 模型

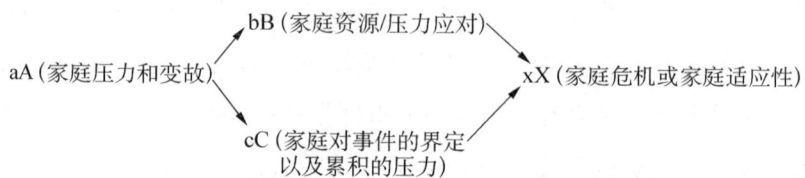

3. Patterson 的家庭调适模型(FAAR)

Patterson 的家庭调适模型强调在家庭中,寻找恢复减压及减压资源最小化之间的平衡的过程。像双 ABCX 模型,FAAR 模型侧重于认知评价,或家庭适应和调整压力的意义。Patterson 表示,家庭用于适应一名特殊儿童的处理方式,有两个层面的含义,即情景化和全面化[②]。情境化的含义是指,一个家庭如何定义一个特定

① Fiedler, C. R., Simpson, R. L., & Clark, D. M. (2007). *Parents and Families of Children with Disabilities: Effective School-based Support Services*. Pearson Merrill Prentice Hall.

② Patterson, J. M. (1993). The Role of Family Meanings in Adaptation to Chronic Illness and Disability. In Turnbull, A. P., Patterson, J. M., Behr, S. K., Murphy, D. L., Marquis, J. G. & Blue-banning, M. J. (Eds.). *Cognitive Coping, Families, and Disability* (pp. 221–238). Baltimore: Brookes.

情况的要求，以及他们是如何评估自己的能力，并解决需求。例如，一个家庭可能面临这样的形势，他们有情绪与行为障碍的儿子由于行为不当而被要求停课。在一个情境中，这个家庭的压力来源事件是，他们的儿子无法控制，他们必须接受学校用惩罚性的方法来处理他的不当行为。而可以取代这一惩罚的更好的应对办法是将此情景重新界定，学校可以给家长打个电话，让他们获知孩子的情况，并告知家长他们的儿子可以获得的当地特殊教育法规支持的相关信息。家庭可以根据自己的能力，从当地家长信息中心获得知识，并与相关组织获得联系，更好地了解他们的儿子。这种提供支持的组织能够帮助家长获知学校的法律义务，并对学校的行为进行功能性评估，同时能够为他们的儿子制定一个积极的行为干预家庭学习计划。

全面化指的是已经超越了具体的情境化危机，并牵涉到家庭内部以及不同家庭之间社会关系认知和相关信念的情况。

该模型还包括两个阶段：调整和适应。在调整阶段，只需要微小的变更就能使家庭之间取得需求和资源的平衡。家庭要做一些改变，必须减少需求或提高他们自身的能力，以满足需求。这些微小的变化可能是真实的，客观的，或很主观的，涉及不同情况的评价。对于有注意力缺陷多动障碍（ADHD）的儿童家庭，一个真正的和客观的变化可能是一个星期有一个晚上雇佣一个保姆，使家长可以有一个晚上放松自己。一个主观变化可能使家长重新定义他们多动症的孩子，他们会指出他们孩子两个被未来的雇主赞赏的特点，那就是他们行为反映了无限的能量和热情。

如果压力持续存在，家庭的需求和资源之间仍然不平衡，就需要更大的变动，这涉及适应阶段。在适应阶段，家庭重组其角色和规则。对于多动症孩子的家人而言，可能在一定的时间内会产生自暴自弃的行为，并导致家长身心疲惫。父母可以通过适应一些家庭角色的转变，在每周的某几个晚上让整个家庭的其他成员来帮助承担育儿的责任。父母也可以请求学校来为孩子建立家庭生活的规矩，要求过动的孩子晚饭后至少1小时能够在自己的房间里独立地玩耍。能够有效地适应短期压力并应付长期压力的家庭，将获得更加积极的观念，并可能变得更加有适应能力。

二、压力对残疾儿童家庭的影响

残障儿童的家庭关心的是可能面对的压力。关于残疾儿童家庭是否比普通儿童的家庭面临更大的压力这一问题上,不同的研究得出矛盾的结论。一些研究得出的结论是,养育残障儿童的家庭比普通家庭要面对更大的压力,而其他调查报告了这两类家庭压力水平无显著差异。早期的研究并没有在这一结果上试图达成一致,但教育者应当承认,压力已经成为一种普遍问题,并存在于各种类型的家庭之中。在研究者对残障儿童家庭的支持中,学校的专业人士必须对特殊儿童家庭可能面对的压力具备足够的专业知识和敏感性。影响残障儿童家庭的压力主要表现在五个方面:转衔压力、家庭功能的压力、情绪压力、照料压力、来源于负面专业知识及社会态度或社会假设性压力。

(一) 转衔压力

家庭生活周期的变化,通常会改变家庭活动和家庭角色分工,而这些改变会带来家庭压力的增加。这些变化可能会造成家庭生活的混乱,为新的过渡阶段带来各种问题。在众多可能影响家庭生活的生命周期中,有三个关键的过渡期:(一)孩子被确诊之后;(二)孩子入学时;(三)孩子离开学校时。

残障儿童的确诊对父母来说是一个压力事件。诊断后,父母最初的反应通常包括震惊,怀疑,否认,愤怒。诊断结果会对父母担心的问题给予确认,但诊断并不能告诉父母对于残障儿童他们需要知道些什么,也无法告诉他们接下来要采取怎样的方法来养育他们的特殊儿童。对父母而言,他们要接受并进入一个全新的医疗及特殊教育的专业领域,这一切都充满了不确定性。而这恰恰是他们必须接受的新现实。父母被赋予了新的角色以及养育特殊儿童的责任,作为家长,他们要完全胜任这些新角色,就必须与自己是否能够完成这些社会责任的自信心做斗争。在过渡期,专业人员必须事先与家人沟通,并且在此过程中给予关键性以及理解性的支持,专业人员可以通过对有情感支持需要的家庭和情感脆弱的家庭表现出敏锐的观察力来帮助他们。专业人士下一步要做的是准确定位家长的需要,从而提供正确的信息使他们能够为新的社会角色和所承担的责任做好准备。这个阶段,家长至少能够获得对他们残疾孩子接受教育的相关意义的资料,以及在学校和更大范围的社会环境中获得服务,还有家长的教育决策权及其义务的相关内容。

由于残障儿童进入了学校系统,这种转变促使家长与学校的专业人员建立起互动。尽管在孩子入学后,家长会随着这样趋向正常化的转变而感到轻松,但他们也开始清楚地意识到自己的孩子今后将可能如何被社会环境所排斥,并在学业成绩上落后于同龄的孩子。残障儿童和同龄非残障的一般孩子相比,他们在成长与发展上的差距随着学年的增长而增大,这将造成父母压力的增加。父母会担心他们的孩子将如何以像那些接受过学校训练的孩子一样遵守校规,以适应新环境的要求。在这个过渡阶段,学校专业人员应该充分考虑到残障儿童的需要来制定教育计划,并希望建立起家校合作的关系,以此来表现开展工作的信心,消除家长的顾虑。

孩子准备离校时是家庭生命中期的最后一个过渡阶段。这个阶段的主要压力是家庭对未来的不确定性。根据孩子们不同的支持需求,父母们经常需要面对许多与就业或安置服务相关而无法解答的问题。例如,我的孩子要怎么独立生活?他们在社会上是否会有参加工作的可能性?作为一个成年人,我的孩子将需要怎样的决策性援助?我的孩子能有哪些参与社会创造活动的机会?父母可能面临的现实是,他们的孩子也许将永远无法完全自给自足。家长们被迫担负起继续为他们的孩子策划未来生活的责任。这对某些家庭而言,可能是强制性的责任。如果学校积极要求父母参与学生学校生涯最后几年中的全面过渡计划,那么为了应对未来的不确定性而带来的压力将尽可能会减少。

(二) 家庭功能压力

一个特殊儿童的存在会影响整个家庭。这种影响可能是积极的,也可能是消极的或中性的。当这一压力起消极作用时,家庭将受到压力的影响,这种压力来源于家庭功能的破坏,家庭充分满足其自身能力的受损,例如,情感、自尊、精神、经济、日常护理、社会、娱乐、教育等。一个家庭无法满足上述的八个家庭功能中的任何一项,都可能产生一定压力。例如,由于婚姻关系的变动,家庭情感需要可能会受到负面影响,或者由于家长对特殊儿童及普通孩子给予的关注度不平均,而导致家庭关系出现问题。婚姻关系紧张往往是由于父亲和母亲对于特殊儿童的存在或这个孩子带来的影响的认识,以及在处理孩子的行为问题的方式上存在着分歧而导致的。

一些家长会由于他们的特殊儿童而感到被孤立,或不被社会所接纳。因此,家庭的社会化需求和娱乐性需求会受损。当一个家庭必须要为了争取残疾孩子的社会化和娱乐需求而斗争的时候,这就可能形成一个家庭的压力源。父母担心的是,他们的孩子会被同龄人排斥而无法获得友谊。家庭的经济状况也会因为需要养育残疾孩子所增加的支出而变得紧张。这些额外的费用通常包括适合孩子的服装,家庭装潢的改变,家庭环境的变动,电子产品消费,或相关的消费,康复器材,家具,车辆改装,轮椅或其他假肢类装置,残障儿童家庭的医疗费用,以及特殊的饮食。

(三) 情绪压力

家庭在获知孩子有残障这一消息时,先是震惊,伴随而来的还有否定、内疚、抑郁、愤怒和焦虑等情绪。在父母学会应对孩子的残障诊断的过程中,悲伤情绪是父母自然的适应性反应。父母得知自己的孩子有残障,对他们而言是一种损失,因为他们放在孩子身上的梦想和希望被改变了,或者像一些家长认为的,梦想粉碎了。对于这些悲伤的情绪采取专业态度的方法是,将其视为对那些令人不安的新信息而做出的必要的适应性反应,而非父母的病态或精神失调状况。在表 5 - 1 中,有若干种合理的适应性悲伤情绪,以及当家庭遭遇这些悲伤情绪时,专业人员应该采取怎样的行为继续专业支持。

表 5 - 1

悲伤情绪分析表[①]

情绪表现	适应性反应	专业支持
否定	需要一定的时间接受这一消息。 寻求当地资源并进一步向有关支持系统提出帮助需求。	避免给予家长压力,让他们以自己的方式来接受。 与有类似障碍的其他儿童家长取得联系。
内疚	对自己的身份及责任进行自我评定。 产生被控制的感觉并且以这种情绪来解释自己无法解释的事实。	耐心倾听。 避免与有负罪感的父母发生争执。 表现出同情心。
沮丧	对自己的能力或力量产生新的定义。 对失去的东西做出常见的反应。	表现出同情心。 帮助家长与其他家庭建立起互动关系(避免孤立)。 对家长的能力给予重新认定。
气愤	对公平和正义进行重新定义。	避免正面回应家长的愤怒情绪。 参考提示表 5 - 2 中列出的建议。
焦虑	重新定义或区分父母的责任。 投入精力用于寻找有用的信息。	让家长感觉到舒适和热情。 鼓励家长在家庭责任和需求之间寻求平衡。 搜索有用的资源和信息来给予家长帮助和支持。

(四) 照料压力

家庭必须解决其成员日常护理的需要。残障儿童的需要变化十分惊人,有些孩子具有如喂养,穿衣,如厕和特殊环境设置一类的日常生理照顾需求,其他的孩子则会有如特殊的医疗,专门的饮食,药物或康复需要。有些孩子需要一天 24 小

---

① Fiedler, C.R., Sumpson, R.L., & Clark, D.M. (2007). *Parents and Families of Children with Disabilities: Effective School-Based Support Services*. Pearson Merrill Prentice Hall. 103.

时的监护,其他的孩子则需要家长和学校工作人员不断进行日常沟通。这些日常照顾的需求都需要父母一刻不停地关注,投入时间和精力去进行。简单来说,也就是照顾特殊儿童比普通孩子需要更多的时间和注意力。家长将由于消耗大量的时间和精力而感到疲劳和压力。过多的日常护理需要体现了孩子对家长的依赖。由于孩子的障碍,他们的父母可能无法想象,非残障儿童的父母在这方面的压力会逐渐减轻,因为他们孩子的依赖性将随着时间的推移而大大地减少,认识到这一点可能会导致残障儿童父母产生相当大的压力和焦虑情绪。处理有行为问题的儿童的需要会消耗父母大量的时间和精力。养育特殊儿童而过度消耗的时间和精力已经造成了足够大的压力,而压力水平还会因为父母感到自己缺乏休息时间或缺少帮助而提升。

(五) 来源于负面专业知识及社会态度或社会假设的压力

专业人员与残障儿童家庭之间的关系往往被许多家庭认为是压力的来源。这些压力最初来自家庭与专业人员的互动中感觉到的消极态度和专业人员的一些假设。这些消极的态度和假设,是社会对残障人士的一些负面反应。残障人士仍在受到一些人的羞辱,而残障人士的社会耻辱感是对其家庭影响中最大的压力来源。

当专业人员将任何一种消极态度或假设带入与家庭的沟通和互动中,就会导致合作关系的紧张化。当家庭希望获得专业力量的支持时,他们反而可能感觉被批评,贬低和孤立,在这样的情况下,家长们不但不能从这些专业人员的消极态度和假设性想法中获得专业支持,反而可能会面临更加严重的被其他家庭成员,或他们的朋友所拒绝的情况(例如,他们的社交圈子等)。有些家庭成员或者朋友会因为周遭有残障人士而感到不舒服,或者他们不知道当这些父母处在困难时期的时候,应该如何去安慰他们帮助他们渡过难关。

对专业人员而言,除了了解影响残障儿童家庭的典型压力形式,理解一些与对残障儿童家庭压力水平或多或少有关的人口因素,是有益的。在处理家庭因素时,有许多研究已证明,单亲家庭的压力水平较高。这些应激水平的差异,可以解释为只有一个家长时,家长要付出更多的时间和精力。当家庭中的非特殊儿童对他们残障的兄弟姐妹表现出强烈的同情或羞耻感时,家庭中也将出现高水平的压力。而更多受过教育的家长在接受自己的孩子有障碍这一思想斗争过程中表现出更大的压力,他们通常将这个结果看做是一个悲剧。

有这样几个与降低压力水平相关的家长或家庭因素。经济状况较好的家庭通常能够更积极地满足养育特殊儿童过程中的需求。此外,婚姻关系稳定密切,有凝聚力并且团结的家庭,能够更好地对他们面临的情况作出积极的响应。有一项对15位残障儿童家长进行的定性研究,总结了几个在养育残障儿童过程中,有效地控制压力的家庭模式或家庭特征。其中,对降低父母压力水平较为重要的性格有耐心、幽默以及尊重孩子的意见。

三、家庭应对策略

(一) 减压技术

家长学习的第一步,就是要懂得在生活中系统地减压,是照顾好自己,以及维护家庭关系的重要条件,这和照顾残障的孩子一样,是十分重要的。家长必须记住,他们首先是一个家庭。家长要学会放松的技巧,并且学会如何从日常问题和责任中偶尔休息一下。然而,这是对残障儿童父母的不断挑战。在调查唐氏综合征患儿家长的休闲和娱乐时间的研究中发现,他们耗费更多的时间在照顾孩子上,而在社交娱乐活动上花的时间要比没有特殊儿童的父母少得多。

专业人员可以通过鼓励家庭成员用被动评价技术来减压的方式支持家庭。被动评价涉及一个问题,或者这个问题可以被忽略不计。被动评价可能有以下几种形式,比如否定,拒绝去思考未来,以及放松。专业人员通过不施压的方式为持否定状态的家长提供一些支持,让这些家长从之前的否定状态中"前进",让他们准备好吸收新的信息和现实状况。此外,专业人士可以鼓励家长制定具体的放松技巧。例如,简单的呼吸,引导想象等。

(二) 认知应对策略

正如压力以及应对模式的理论模型中指出的,这些理论模型都涉及一个家庭如何评价他们的经历。当以积极的方式应对挑战的时候,压力就可以减小。事实上,改变一个人看待特定情况的眼光可以帮助人们改善对于该事件的感受。

1. 认知适应

Taylor(1983)提出了一种认知适应理论来解释个人如何对生活中的危机事件进行调整。这一理论包括三个认知主题:(1)对危机事件意义的探寻;(2)试图达到控制危机事件的目的;(3)试图增强自己的尊严感。在以搜寻意义为主题的认知主题下,个人能够超越"为什么是我"的阶段,这具有在危机之后从哲学的立场获取生活意义的作用,有研究已经发现这会带来更有效的积极应对模式。简单地说,当消极时间发展出积极的意义时,更好的调整结果就产生了。

第二个掌控危机事件的认知主题涉及认识生活中可以控制和无法控制的部

分。高功能家庭将他们的时间和精力集中于他们可以决断或直接控制的问题(例如,建立日常家务的分工制度,从而避免这些家务的重担全部落在母亲的身上)或间接控制的问题(例如,确保他们所在的学校区域能够依照法律的规定给予他们的特殊儿童合适的言语和语言训练计划)。虽然这是非常困难的,但是一旦他们意识到生活中有些事情是他们无法控制的,家长的负担就会被解除。例如,在一个家庭报告中提到,当他们认识到他们无法改变某些家庭成员对于重度智力障碍孩子的消极态度时,那种长期受挫的情绪就会消除。多年来他们已经在教育上做了能做的一切,而有些人还是会对周围的残障人士感到不适。

残障儿童的父母经常对自己要求非常严格。这种自我批评的形式会破坏父母的信心。通过提高他们的自尊,父母们的应对技能变得更有影响力。这个认知主题可以采取几种形式。首先,家长可以进行下行社会比较。这一个认知策略涉及你的自身情况和某些别人认为是幸运的情况之间的比较。例如,一个有学习障碍学生的家长表示,他反复提醒他自己还有许多儿童没有认知或生活自理能力甚至不能自己上厕所,以此来应对他的特殊儿童带来的压力。第二个认知策略使用上行社会比较,让家长们互相比较彼此的情况,看看谁对生活事件处理的更为妥当。进行这样的社会比较,家长们会受到他人的完成状况鼓励。这个宗旨就是"如果别人能行,我也可以。"最后,父母可以采用积极贡献认知策略。这将迫使家长把重点放在积极为他们的特殊儿童和他们的家庭作贡献上。

2. 重新建构

另一个认知应对策略是重新建构,即家庭通过更加合理以及能够接受的方式重新确定当前情况,从而使局势便于管理的能力。这一策略包括两个步骤:(1)从超出个人能力范围的情况中区分出能够被扭转的情况,(2)对可扭转的情况采取实际行动。专业人员可以通过鼓励家庭在不良的状况中使用重新建构认知模式来实施帮助。

作为一个重新建构的例子,Fiedler 是一位严重多重残疾女儿的父亲,他这样描述他所面对的状况。几年来,他的女儿所在的学区已送她到附近的一个学区参加特殊教育计划。但父母并不满意这个安排,并一再向学校的工作人员抱怨,要求让他们的女儿呆在就近的学区学习,这样她就可以于社区内的其他学生建立起社会关系。作为一名前律师,Fiedler 首先将这个"问题"确定为法律权利问题。根据他对法律的研究,事实上,法院一般是允许学校工作人员对已确定为残障儿童的教育安置问题进行自由裁量的。虽然法律上明确规定,残障儿童最好能够在家庭所在地的学区学习,但还没有出现过法院规定,学区有义务必须让区内的残障学生就近入读的情况。因此,父母并不觉得他们会在女儿的教育安置问题上战胜法律的规定。最后,父母重新将这一问题建构为"政治问题。"

例如,我太太和我提出了这些问题:我们的社区里是不是还有其他家庭有这样多重残疾的孩子,而他们的孩子是不是也是通过学区外安置来接受特殊教育的呢?如果是这样,其他家庭是不是也对这样的区外安置方式有所不满呢? 重新建构了这样简单的问题之后,我们就能够继续我们的替代性宣传战略了。

这个修订解决问题的方法让几位多重残疾的孩子家长联合起来,成功说服学区在下一学年,将孩子转回临近学区的学校就读。

3. 支持策略

社会对父母的支持包括从朋友,亲属,邻居,同事或其他能够在压力大的时候出现的人那里接收情感,信息和物质支持。家长的社会支持可采取几种不同的形式。对家长的社会支持机会,可由专业人士或家长自身来提供。

每当父母在个别会议中寻求援助时,专业人员会提供一对一的服务。这种支持也可以是针对信息性的或情绪性的需要。如果关系是建立在相互信任和尊重的基础上,专业支持的最终目标能够给父母建立起更大的自信心,让他们更独立,加强父母的权威感。

社会支持也可以由家长自己提供。事实上,许多家长的首选是要与其他有过类似经历,或正处在类似经历的家长们取得联系。许多家长支持小组已经由家长分享他们的感受并与其他残疾儿童家长的交流经验展开。当父母们获得培训和支持,他们将会更加擅长于培养和支持他们的孩子。

第二节　特殊儿童关键过渡期的家庭教育

通过适当的转衔计划和支持,各种残障类型的成年人都应该能够获得就业,住房,以及良好质量的生活机会。实际上,这不是残障人士的总体经历。成年的残障人士就业率低,继续教育机会少,独立生活能力也较弱,而就业岗位的不足却很严重。美国有研究显示,基于在人口统计结果和地区差异,有68％到82％,介于16至64岁之间的残障人士失业。有超过90％的残障成年人士缺乏就业机会。有超过

90％接受过特殊教育课程的毕业生生活在贫困线以下。这些因素进一步限制了成年残障人士的工作机会。对于那些女性或少数民族，以及家庭社会经济地位较低的残障人士，其成年残障人士的成就更为有限。

由于这些残障学生无法获得足够的转衔期支持服务，他们中的轻度残障人士面临就业困难或无法应对现实的就业竞争。而那些更为严重的残障学生，他们由于无法获得有效的转衔期支持服务，而可能永远没有办法获得就业机会，并且有可能被安置在隔离性的残障人士照料机构。

一、转衔期相关问题

（一）转衔定义

转衔的定义很广泛，某些研究人员和学校工作人员将转衔定义为强调全面性的观念转变；而其他一些人将其定义为强调个人观念的转变。

当理论家定义全面性的转衔问题时，他们往往会强调将转衔过程看作是人生中发生的事件。在这样的背景下，转衔就被定义为个人或家庭由于重大改变，社会或经济状况会发生变化的一个生命阶段。

有许多研究者和理论家将转衔期更加确切地定义为高中结束向成人转变的时期。例如，通常用来解释转衔的定义是，通过残障人士自身及其家庭网络、朋友、社区和供应体制，他们的个性化支持策略和学习经验得到发展，以便最大程度上适应社交活动。在这里，转衔被定义为残障学生为步入成年阶段并被社会接纳而做出的以学校服务为基础的准备工作。

残障青少年、家庭成员，以及学校工作人员之间的关系会在转衔期发生巨大的变化。对学校工作人员来说，对转衔过程，成年人服务体系，以及如何根据青少年残障学生和家庭成员的需要，来选择最佳的个别化转衔计划和实施方案做深入的了解是非常重要的。转衔期是一个充满压力和变化的过程，在这个过程中，残障青少年和他们的家人会变得极为情绪化。这种压力可以通过让特殊儿童和他们或她们的家人感受到他们已经准备好进入转衔期来消除。

对于有更为严重的身体或认知障碍的学生，其成年转衔期会更为复杂，因为某些团队成员有可能无法认识到，这些残障学生正由青春期向成人期过渡。成为一个成年人和获得成年人的身份并不能等同。对于有严重的认知或身体障碍的人而言，在时间顺序上标记为成年期的时间（例如18岁或21岁的生日，完成高中学业），在学校工作人员和家人看来，可能并不意味着是他们成年的开端。那些需要他们监督和获得持续服务支持的个人,可能不会被认为达到了成年水平。转衔期的任何阶段都是团队成员的责任。这种对个人成人地位的肯定和认识,需要得到团队所有成员的认可。自主性、选择性和控制性,这三样必须是他们想要达到成年的过程中必须集中精力达到的目标,这一点跟个人的残障水平无关。比如,点菜,身体姿势,以及感官经验的选择,这些都可以是作为残障学生选择和控制能力的起始水平。

(二) 转衔内容

要拥有一份完整的,高品质的生活不仅仅意味着获得一份工作。为了帮助残障学生进入成年期,在所需的转衔计划中需要解决以下问题:建立家庭并且关爱家庭;获得有质量的就业机会;实现自我管理;发展和维护社会关系;积极参与休闲娱乐活动;了解性行为和家庭计划;作为社区成员参与活动;参加继续教育或终身性学期计划;参与公共运输;了解自己的财务责任。

1. 建立家庭并且关爱家庭

建立和关爱家庭关乎生活的安排,经济型决策,清洁能力,组织能力,以及准备饭菜等。对于转衔计划来说,有家人的参与是非常重要的,因为家人在经济和日常生活的责任方面都扮演着非常重要的角色。在转衔计划逐渐上轨道之后,有关建立家庭和关爱家庭的相关教育应该会影响到学生的家庭和文化价值观。这是转衔计划领域中很有意义的家庭教育责任。然而,这也并没有限制到学校工作人员的责任。

学生在需要大量技能训练培训的同时可以参加家庭和职业生涯的相关课程。如果技能能够在自然环境中(例如,社区公寓、学生之家等)学会是最好的,这样这些技能就能够更加直接的推广。

2. 职业教育

职业技能和职业行为(例如,与同事的恰当对话,午餐休息时间的典型行为等)必须在自然环境中直接教授。对于学生来说,找到一个有兴趣并且能够胜任的职业,他们需要更多的见习机会,不但探索和尝试不同的职业。基于个人技能和兴趣的多样化职业安排是学校系统必须在学生离校前做好的准备。为了制定这些经历计划,学校工作人员要先和残障学生讨论他们的就业兴趣。经过这样的讨论,职业探索的机会可以通过家庭沟通,当地的商业领袖,以及学区的工作人员来安排。

3. 自我管理

自我管理包括组织生活及个人财物,以满足自我照料,以及膳食营养的需要。

转衔期的相似准备工作也相关于建立家庭,学生可以通过学校学习相关的信息,比如健康课程等等。但是更多的学生需要在这方面获得直接的个人指导。人们常常认为,轻度残障的学生可以无需额外支持或直接教学的方式,通过课程学习就可以获得这方面的知识,但情况并非如此。不同家庭的价值观会影响年轻人的选择,而在此问题上,获得自然教育的环境是至关重要的。除了接受教育,自我管理也是一个需要学校工作人员,家庭成员和服务提供机构相互联系的领域。残障学生应该能够通过联系和组织个人信息,包括紧急电话,医疗和牙科服务,成人服务,以及社会服务等来获得支持。自我管理使年轻人能够自我提高有用的技能,来获得成年人生活水平渴望等级的一个领域。

4. 发展和维护社会关系

必须经常教授各类残障人士发展和维护社会关系的方法。高中毕业之后,有很多残障人士会失去在学校建立起的友谊,感到自己在成人世界里被孤立。这种孤独感很容易让他们个人或团体感到力量的削弱。如果自然环境的支持能够建立在残障人士,学校工作人员和家庭成员之中,那么建立一个朋友网络是十分容易的事情。持续增长的社会联系能够提高残障人士的社交技能。

5. 兴趣和技能的发展和培养

发展和培养兴趣及技能有助于提高个人生活质量,同样也包括残障人士。70%的认知障碍人士的主要休闲活动是在家庭的督促下被动进行的。残障成年人最常见的娱乐方式是看电视。娱乐活动反映了一个人过去的兴趣,并且允许获得新鲜的技术。休闲活动应该是被动和主动的混合体,一个人不应该只被鼓励参与单一的休闲活动,应该讨论并支持更多的康乐活动。当技能能够在家庭环境中获得,并在社会环境中取得进步和发展时,个体的认知能力会得到增强,获得社会联系,成为一个更强大的社会成员。

6. 了解性行为和家庭计划

性是我们通常在教育和家庭环境中刻意避开的话题。同样,在转衔计划中性教育也会被刻意避开。所有成年的学生都需要关于他们的身体、性、亲密关系,以及性和性别认同、性权利和责任、自慰行为、避免自己免受性侵犯和性病危害、自认和公众的情感和欲望、安全套的使用、计划生育、怀孕、生育和为人父母的相关信息。轻度残障的学生往往能分辨正确和错误的指令,因为他们和同龄人没有太大的差异,这样我们就可以认为,他们能够和非残障的青少年一样理解人们提供的信息。然而,远远没有这么简单。语言问题通常是困扰残障学生,影响他们对包括在性行为上的理解能力的问题之一。从另一个方面来说，具有较为严重残障的学生通常会被排除在与性有关的话题之外，因为他们通常会被认为与性无关，或者尚未"准备好"来讨论这个成人话题的。这样的看法都是有问题的，并且存在潜在的危险。所有人都是通过性而存在的。残障的青少年成熟之后，他们会像非残障的人们一样发现自身的性变化和感受。这个困惑时期对所有青少年来说都会具有重要的个人生理认知意义，对残障人士也一样。即便家人或者学校的工作人员认为有重度残障的孩子还不具备能够参与成人性问题的相关讨论，这个话题也不该被刻意回避。为了增加自我保护和自我意识，与性有关的话题必须成为转衔计划讨论的一部分。

7. 社区参与

多多参与社区活动可以意识到自己的公民责任。参与社区活动和休闲活动有可能会重合，比如，到社区使用公共图书馆，参加社区音乐会，参加当地的学习班。社区参与也会与稳定的经济状况有所重合，包括参与社会服务和职业康复的相互作用等。

8. 继续教育或终身性学期计划

各类学院和综合性高校正开始重视残障学生的需要。社会和学术支持正在逐渐为高等院校的残疾学生提供帮助。在这些额外增加的支持下，残障学生才能够完成高等教育学业。

对于那些没有兴趣参与高等教育的学生，社区学院提供的终身学习课程可以为学生提供长期的学习机会，他们可以通过学习提高和维持技能，结识新朋友，并且参与社会活动。这些课程往往是以兴趣爱好，手工艺制作，体育活动为中心，参与的都是具有广泛技能和经验的社区成员。学校工作人员也应该对结束了高中阶段学习的残障学生提供其他教育的可能性。

9. 参与公共运输

独立外出活动大大增加了残障青年人的独立性。可用的服务有很大的差异性，这取决于交通工具的大小，位置，以及社会政治领导。社交，工作机会，娱乐机会以及自我管理都取决于可用的运输渠道。关键问题是要在现阶段解决学生的问题。社会安全技能，获得公共交通，以及安排，都应该根据残障学生最大程度上的独立性来进行定位。

10. 了解自己的财务责任

对所有的年轻人来说，培养对金钱价值和生活花销的理解都是很难的。当然，这个年龄段的群体还有远高于生活梦想的经济需要,包括后期教育,以及在当地的购物中心消费。对残障学生而言,管理财务会因为缺乏数学知识和对采购过程的了解而变得复杂。有大量的美国残障人士生活在贫困线以下,这是个残酷的现实。在货币严重缺乏的情况下,想要维持一个优质的生活,更加需要严格的预算计划。如果残障的学生能做好较好的理财准备,在他们成年后所需要的支持会比较少。此外,他们越是能够管理好自己的工资(以及其他收入),他们越有可能在成人阶段达到工人阶层,甚至中产阶级的地位。

总之,转衔阶段从外部监督过渡到自主监督,在转衔期,随着时间的推移,自我负责,独立,自我管理等习惯会逐渐建立起来。有些学生会在家庭成员和学校专业人士的帮助下建立起过渡计划,来解决成人新生活中必要的责任和期望,这对他们来说是有所帮助的。例如,有些年轻人会毕业,从家里搬出来,在经济上独立,并且在从学校向外过渡的阶段他们会需要一份工作。对其他人而言,这样的过程可能永远都不会是他们成年生活的期望。在艰巨以及逐步扩大的责任中,不同的人,不同的残障类型、家庭经济地位、文化历史、社会期望,以及个人选择会有一些差异。

二、转衔团队成员的角色

家庭成员的参与是转衔期支持成功的关键。但是,家庭成员和学校工作成员之间的协作关系有时很难在转衔期达成一致。转衔期的学生缺乏参与转衔策略和疏于参与的原因可能是因为提早讨论了成人生活的转衔过程,残障青少年在当前阶段看不到自己向成年过渡的紧迫性。因为十几岁的学生都觉得成为一个成年人是很遥远的事情,他们并没有规划好参与计划的先后顺序。学校的工作人员和家庭成员要了解以及关心学生的转衔期状况,他们必须让学生参与转衔期的会议,这样可以让他们意识到转衔期对他们人生的重要意义。家庭成员也可能一时间不愿意看到他们的特殊儿童进入成人阶段因而导致他们忽略了孩子参与转衔计划的重要性。这种认识到参与活动,自我宣传和个人责任的变化是家庭和孩子从被动控制过渡为自主掌控的成人必经阶段。在孩子进入成人阶段时,父母的养育并没有就此结束,但是父母的角色转变成为了导师。比较积极的养育年轻人的模型是父母以指导者的角色出现。在这个模型中,父母的行为将引导孩子去教,去接受挑战,并且为孩子提供支持。

转衔服务团队包括各类人员。团队中的每个人都有各自的多种以及相互的责任。要平衡一个残障青少年的能力和兴趣,残障青少年的个人期望和家庭期望,以往的经验以及学校工作人员的信念,这个要求是很难达到的。对学校工作人员而言,允许和鼓励转衔计划中学生的个人想法和成果是很有必要的。转衔计划的对象是其生活的拥有者,而对象的家庭成员是最可能长期进行计划的自然环境支持的,在对象的需求和其家庭成员的意见中达到平衡,需要进行协商。家长决定同意让年轻残障人士完全自主选择或在一定程度上提供监护,这是在青少年达到法定年龄之前需要决定的。

学校工作人员应该为学生做好计划,并且教会他们能够帮助他们生活、工作、娱乐以及与其他人建立社会关系的技能。为了最大程度上的包含和整合各种技能,学校工作人员应该在承认社会的自然环境中教授学生社交技能(例如,商店、公寓、社区就业安置中心、饭店、公共服务区等)。学校工作人员应该区分清楚学术技能和日常生活技能之间的界限,为学生提供具有社区交往的计划,并且教会他们使用公共交通,或者为他们建立非正式的信息网络来满足他们的交通运输需要(例如,共称计划、易货系统等)。

转衔阶段的当务之急是鼓励学生通过选择、决策、负责以及承担后果等经验学会自我支持。自我支持技能是一种自己做出选择并学会自我决策的能力。无论残障程度如何,个人的自我支持和决策是学校课程中必须包含的一个部分。自治能力与成年息息相关。如果一个人在她自己的转衔计划中都不能拥有自己的声音,那么他或她就不可能掌控自己的成年生活。不管他们的残障程度如何,学生都能够参与他们的转衔计划。学生必须有足够的时间来决定他们自己的目标,获得参与和主持他们转衔 IEP 会议的信息,并且有权利自我支持和解决问题。

三、转衔期残障年轻人及其家庭成员的情绪问题

残障学生进入青春期后,他们的家庭成员开始像担忧他们的教育问题和社交支持系统需求增加一样,他们开始担忧孩子的未来。这些担忧的增加,是学校系统在转衔前期或压力中提供了较高的支持水平导致的结果(比如,最初的身份认同)。这种焦虑水平的提升可能是积极的,也有可能带来问题。这种教育可能会增加家庭成员在转衔过程中的参与程度。然而,家庭成员也可能抱有对他们的特殊儿童所能够获得支持的数量和水平的不切实际的期望。从学龄服务授权开始,成年残障人士没有硬性规定的服务项目就一直受到冲击,而现有的服务也不会像儿童期的服务那样丰富多样。

这种焦虑,困惑和现实与服务水平的矛盾,是特殊儿童的家庭成员抱有的复杂

情绪。虽然多数的家长都试图尽量少地参与孩子长大成年的过程,但特殊儿童的家长一再被强调要为孩子建立更高水平的合作和服务团队。Thorin 等人详细描述了一系列家长在该时期经历的情绪①。首先,家长希望能够为他们的孩子提供学着独立的机会,但又想要他们的健康和安全得到保证。其次,家长既希望自己能脱离孩子开始新的生活,又希望自己能尽一切努力来帮助孩子获得成功。第三,家庭成员希望在他们能够满足不断变化的年轻孩子的需要和时间表的同时,还可以保有可预见的稳定家庭生活。最后,家长已经有了支持孩子并参与他们生活的很长历史。对学校工作人员来说,承认每个家庭的独立性是很重要的,并且同时要解释说,目前围绕着参与、自主、责任和控制的困境,都是残障青年家庭的正常经历。

不断成长起来的残障青年和他或她的家人之间的关系变化常常难以调整。然而,对特殊儿童的家庭成员而言,对孩子的责任从家庭转移到残障年轻人自身,这是更加岌岌可危的。最常见的是,孩子会比他们的家长活得长。对家庭成员而言,他们就要在自己不能为特殊儿童提供支持的时候,安排好孩子所需要的支持。学校工作人员应该尊重,并且在自然环境中支持孩子适应其父母由于年龄原因带来的支持结构变化。

本章思考题

1. 试用压力理论分析某类特殊儿童家庭在转衔期存在的问题。
2. 试述特殊儿童关键过渡期需要的家庭教育内容。

---

① Thorin, E., Yovanoff, F., & Irvin, J. (1996). Dilemmas Faced by Families during their Young Adults' Transition to Adulthood: A Brief Report. *Mental Retardation*. 34(2),117 - 120.

第六章 专业人员与家长的互动

专业人员与特殊儿童家长的关系影响其家庭教育的开展。但凡开展顺利的特殊儿童家庭教育，专业人员与家长的关系良好，双方的互动是积极的。然而，在专业人员与家长的互动中，并不是一帆风顺的，有许多因素影响着双方的互动，从而影响家庭教育的开展。本章内容从专业人员与家长互动的关系出发，阐述两者互动的重要性、产生互动问题的影响因素以及开展良性互动的方式，以期帮助专业人员能更好地开展特殊儿童家庭教育。

第一节 专业人员与家长的互动关系

一、残障儿童的家长需要专业人员的协助

残障儿童的家长在生养孩子方面有许多感受和经验，这与普通儿童的家长没有差别。但他们必须面对与处理孩子残障所带来的诸多压力与特殊需求。特殊儿童需要家长花费比普通孩子更多的时间、精力、耐性和金钱去照顾。家长要有相当多的付出，但回馈却可能十分有限。在家长教养特殊儿童的过程中，他们不仅需要获得精神的支持，更有赖实质的帮助。残障儿童的家长也许需要各种社会资源与支持系统的协助，但是和他们关系最为密切的是医疗、教育、社会福利等方面的专业人员。如医生、物理治疗师、作业治疗师、特殊教育教师、语言治疗师、社会工作者、心理学家等，不仅可对残障儿童提供直接的辅导，更可对其家长、同胞手足等给予必要的支持。残障儿童的家长也正需要借助专业人员的知识和经验来帮助特殊儿童获得较好的发展，并使其家庭功能得以有效地发挥。因此，专业人员在残障儿童的整个家庭发展上可以扮演相当重要的协助角色。

二、专业服务需要家长的参与

残障儿童及其家庭虽然需要获得专业的协助，但这样的专业服务如果要发挥

其效能,则更有赖家长的积极参与与配合。美国研究者指出,专业人员在为残障儿童提供服务时之所以会鼓励家长参与,有一项原因是要将服务工作的成败责任由专业人员转移到家长身上。换句话说,家长的参与是对残障儿童的辅导与协助的责任分担。事实上,就专业人员而言,家长参与最重要的意义应该是经过家长的参与,可以发展出更符合残障儿童及其家庭个别化需要的服务方案,而且可以使相关的服务工作更为扎实,以实现真正的帮助功能。

就家长参与而言,常见的包括家长训练、被动的教育与治疗活动(如家长收到与孩子有关的报告、接受咨询等)、主动的教育与治疗活动(如家长扮演孩子行为改变者的角色),以及从事干预方案的规划、发展、运作和评价等方面的工作。在这些家长参与的活动中,以被动的教育与治疗和家长的训练活动最为普遍,而以规划、发展、运作和评价活动为最少。之所以有这样的结果是因为直接参与特殊儿童的干预或决策可能使家长产生压力。

家长的参与最常见的应是在孩子的教育活动方面。在孩子的教育活动中,家长可以扮演经费募捐义工、专业辅助人员、观察者和决策者的角色,而且家长可以与专业人员共同分担包括规划与协办者、个案管理与协调者及合作者等的角色。

就专业人员对残障儿童提供的辅导和协助而言,对残障儿童的家庭应该是一种支援,而家长对专业人员服务工作的参与,对专业人员也是一种支持。由此可见,家长与专业人员的互动关系应该是十分密切的。

三、家长与专业人员需要发展合作的互动关系

家有特殊儿童对多数父母而言是相当大的压力和打击。专业人员的支持无疑是他们的依靠和希望,因此,专业人员在残障儿童的家长心目中多占有重要的地位。正如一位唐氏综合征孩子的母亲所描述的:"我作为母亲,我的丈夫作为父亲,都仰赖于我们所接触到的每一位专业人员的知识。我们期待他们给我们更多的东西,使我们不大完美的孩子有更完美的生命。正因为这些期待,我们以虔诚的心去看待每一位专业人员,我们把信任放在他们的手中。"

专业人员对残障儿童及其家庭的服务十分重要。在这种服务中,有些家长可能出于主动的意愿,也有些家长则因受到专业人员的鼓励,而对特殊儿童的干预决策和过程的参与日益增加。家长与专业人员已成为残障儿童的服务过程中不可或缺的支持力量。家长与专业人员需要共同为特殊儿童的福利和发展而努力。两者不应该是非传统上的服务消费者和提供者的关系,而应该是合作的伙伴。但由于

家长与专业人员彼此背景与经验的不同,双方的互动关系不一定是顺利和正面的,有可能出现冲突。站在家庭教育的立场,如何消除家长与专业人员间在意见和态度上可能出现的冲突,并进而发展合作的互动关系,应该是残障儿童家长教育工作中不可忽视的课题。

第二节　家长与专业人员的互动问题

一、家长与专业人员互动关系的基础

家长与专业人员由于彼此在教育背景、生活经验及对人生期望上的差异,各自对残障儿童的看法和态度会有所不同。家长与专业人员对遭遇到的事物的知觉与认定方式所表现的态度是双方交往互动的基础。

(一) 家长的态度变化

家有特殊儿童对于大多数的父母而言是一个巨大的冲击。家长由此而形成的信仰、价值观与态度,会随着其残障子女的成长而发生变化。即在产前期、婴幼儿期、儿童期和青少年期的四个阶段,家长的价值观与态度会发生变化。孩子残障出现较晚的家长,其面对残障的时间比孩子先天是残障的家长要晚,但他们对残障的反应模式是相同的。

1. 产前期

在孩子出生前,为人父母者都满怀希望。一旦孩子有问题,一般而言,医生不会讲明,多数语焉不详,到最后家长知道确定的诊断时,其失望之情常无以名状。在此期间,家长与医生的互动关系会从充满信心到信心尽失的情形。

2. 婴幼儿期

孩子的婴幼儿时期,家长因生养残障儿童而产生的负面情绪(如惊恐、失望、悲伤、哀痛、后悔等)在亲朋好友的鼓励下获得缓解。这一时期,真正影响他们情绪的是孩子的发展情况。父母最大的愿望是孩子能够成长。此时,由于家长对孩子的未来缺乏控制能力,并充满不确定感,因此,他们的无力感可能会油然而生。

在孩子的婴幼儿阶段,家长所接触的专业人员以医护人员为主。由于孩子的残障问题不可能通过医疗手段就可以治愈的,而家长也会遭受某些医护人员的负面态度。因而,家长容易产生反感。到了学前的最后阶段,大部分家长对孩子的残障状况有了基本正确的认识,并能从家人和朋友,特别是从其他特殊儿童家长那里

获得精神支持。因此，面对家有残障儿童的事实，他们已逐渐培养出一定的调适能力。

3. 儿童期

到了特殊儿童就学时，大多数家长已经发展出一种实际接纳孩子的态度。他们尽管会因为孩子的残障而闷闷不乐，但已逐渐能看到孩子生命中的积极面。虽然孩子是残障，然而多数父母仍然爱着他们。在这一时期，家长所期盼的是尽可能过正常的生活。他们想从专业人员那儿寻求协助和支持。这种需求如果不能获得满足，家长和专业人员彼此间就会产生冲突。而这一阶段的冲突主要是与学校教育有关。

在这一时期，家长与专业人员的互动冲突大多与子女的教育安置、各种服务方案的提供与协调、教育人员的态度等问题有关。在家长与学校的互动过程中，有些家长可能因教育与社会经济背景不如人，而不敢面对孩子的问题，且心生恐惧。这有碍教师与家长的沟通，不利于双方合作关系的发展。

在孩子渐渐成长后，对正常化生活的追求就更加成为特殊儿童家长生命中的主要心愿。如果家长与学校的沟通中曾遭遇负面的经验，他们可能会逐渐学到如何更加自我肯定，并努力去寻求相关的服务与支持。

4. 青少年期

在特殊儿童进入青少年期与即将到来的成年期时，家长想过正常化生活的理想随之破灭。通常身心正常的孩子长大后可以自己独立生活，可是对于中重度特殊儿童而言，想要独立生活就比较困难。家长为了中重度残障子女的成年生活，又要到处寻找解决问题的途径。家长特别想为残障子女解决的，可能包括诸如适当的居住安排、就业安置或生活照顾等方面的问题。如果专业人员无法提供所需要的讯息和协助时，家长会转向非专业体系寻求支持。

（二）专业人员的态度

参与对残障儿童服务的专业人员类型比较多，最常见的有医生、康复训练人员、特殊教育人员、社会工作者、心理学家、咨询辅导人员等。每一类专业人员由于其专业训练、工作与社会经验的不同，都有可能形成其独特的对待残障的态度。专业人员对残障儿童态度的形成主要来自于社会性标记与临床观点的影响。

一般而言，社会大众对残障儿童的歧视和消极的态度是较为普遍的。教育、医疗、心理与社会工作等专业人员也是社会人，他们很难逃避主流社会这种负面的影响,他们也会把残障儿童看成是异常、可怜的人,而不是快乐与自我实现的人。因此,社会性标记是整个社会大环境的某些偏见,对人们的思想、态度和行为等造成影响。

临床观点对专业人员态度与行为的影响,主要来自于归罪于受害者、医疗模式和专业支配优势三个方面。

多数的临床服务工作都企图去改变处于困境的个人。以传统医学而言,医生大多会对病人进行检查和诊断,而不是对环境进行相应的检查和诊断。同样,孩子在学校表现不好,接受评估是孩子本身,通过评估来确定孩子的问题所在。而学校或教师不会就此进行评估。例如,有某位青少年犯罪被送走去接受治疗,通常不会追究父母的责任而对父母施以惩罚。因此,在残障儿童服务工作领域,残障儿童本身被看成是问题核心,而不是他们所处的环境是问题的核心。同时,残障儿童家长会被指责是孩子问题的根源。

医学教育的重点在于治疗。有治疗希望的个案对医疗人员是一种鼓舞,并可增强其自我价值与成就的感受。因此,医生最满意的是有好的治疗效果或有高治疗率的个案。而长期慢性病或发展特殊儿童的治疗效果相对比较差,且没有太多发展。因而,医学界对治疗的强调,有时会使医生对重度、永久性障碍的孩子产生负面的态度。

通常专业人员与当事人的关系含有权力与服从的成分。传统上,专业人员所具有的专门知识和技能使他们具有专业支配的优势,让受专业服务者服从。这种专业支配的优势在所有的专业领域中存在。专业支配的本质是维护专业人员的自尊,但可能会牺牲接受专业服务者的利益。为维护这种自尊,通常专业人员总会感到有控制与接受专业服务者的互动情境的需要。专业人员的这种专业支配的习惯多在专业教育的过程中养成的。为了表现出对接受专业服务者负责的态度,专业人员的权威和控制倾向就自然流露出来了。

二、家长与专业人员的冲突

家长与专业人员在共同面对特殊儿童的教育和服务问题时,由于彼此在教育、经验背景、责任、使命感及价值观的不同,在对特殊儿童的教育和服务观点及相互对待的态度上会有冲突。这种家长与专业人员的冲突主要表现为:对残障性质的看法;干预目标与策略的观点;家庭需求与关心事项的重要性;家庭与专业人员关系的性质。这些冲突可能会增加家长与专业人员在交往互动时的挫折感。同时,专业人员与家长在面对残障问题时,多数专业人员习惯于从负面的限制去看孩子的问题,而家长想的是孩子到底有怎样的能力和长处。

其次,就专业人员与家长在态度上的冲突也难以避免。在所有的专业人员中,家长接触机会最多的是教师。以教师对家长的态度来说,出现负面的情形是相当普遍的,尤其在面对棘手的残障儿童教育问题时,教师本身在心理上也倍感压力。在处理孩子的行为与学习问题时,如果双方沟通不良,就容易使教师将问题归咎于家长,从而影响彼此的互动关系。一般而言,教师常常会从病理的角度看待家长,认为他们不只造成孩子的问题,同时家长本身在面对孩子的问题时也适应不良。另外,教师也多半认为家长对孩子的看法偏颇且与事实不符,并不是理想的合作对象。如果教师所面对的家长是不合作、充满攻击性,且教师有诸如性别、社会经济地位、种族、文化等偏见,则其对家长的负面态度将更为明显。虽然,有些教师对家长会有负面的态度,但教师仍然有赖家长的合作,希望能以教师认为适当的教导方式去影响孩子。因此,在教师心目中的好家长大都是那些对教师的教学既不干预又能支持的家长。

另一方面,从家长的立场看教师,家长对教师的负面态度可能就不像教师对家长的负面反应那么多,因为教师在大多数家长心目中仍有其一定的地位。当家长与专业人员讨论孩子残障问题时,如果专业人员所谈的都是孩子的缺点和限制,就很可能会超出一般家长所能忍受的限度。这种情形不只会妨碍家长与教师或其他专业人员之间友好关系的建立,甚至可能导致家长的某些唐突或推索性反应。在家长与教师的互动过程中,双方教育背景的差异也往往受到注意。有些家长觉得与教师之间的教育程度距离过大,可能会觉得自卑而不愿意与教师有所接触。此外,家长与教师接触时,他们对教师的态度与教师对残障子女的情绪反应有密切的相关。

三、造成家长与专业人员冲突的原因

家长与专业人员之间的互动如果是良性发展,就有利于残障儿童获得恰当的教育、服务与照料。但双方的关系存在冲突,就会影响残障儿童所获得的服务质量。因此,当家长与专业人员有冲突时,要了解可能造成冲突的原因,以此化解彼此紧张的关系,从而为残障儿童提供应有的教育与服务。对于造成家长与专业人员冲突的原因,有人认为可能是家长与专业人员之间在文化、社会阶层、价值观或人格特质等背景的差异;也有人认为大部分专业人员所坚持的传统临床观点,从而

不利于与家长建立互动关系;还有人认为是家长与专业人员的角色特质导致了冲突的产生。因此,以下内容就传统临床观点、专业人员与家长角色差异的问题进行说明。

(一) 传统临床观点的影响

专业人员由于受到专业教育、工作环境等次级文化的长期陶冶,无形中对传统的临床观点有所坚持,并秉持这种观点去处理与对待相关的服务对象,专业人员对传统临床观点的坚持主要表现在以下五个方面。

首先,残障儿童及其家人是被期待扮演患者的角色。身为残障儿童的家长应该对专业人员的建议言听计从,否则他们可以自由主张,并抗拒专业人员的控制,成为一个不配合的合作对象。

其次,残障儿童及其家人是困难与问题的根源。孩子一旦有问题,父母难辞其职。父母应对孩子的问题负全责。

第三,对孩子的问题归咎于父母后,父母的行为往往会被专业人员以防卫机制的眼光加以看待,认为父母是以这种防卫机制来淡化其生下特殊儿童的罪恶感,如父母被认为否认孩子残障的事实,或将其罪恶感投射到专业人员身上等。

第四,专业人员假设家长多有情绪困扰的问题而需要咨询与帮助,咨询的目标是协助家长接纳孩子的残障情况,并能调适自己的心理。

最后,专业人员扮演的是权威专家角色,在专业上有绝对的控制权和话语权。

从上述专业人员对传统临床观点坚持所产生的结果看,家长与专业人员在此基础上建立的关系有可能是缺乏尊重,是僵化的关系,不利于双方良性而健康的互动关系的培养。

(二) 专业人员和家长角色特质的差异

由于专业人员和家长有不同的世界观,在双方交往互动时,可能会产生对彼此的负面态度和看法。家长和专业人员的观点冲突与两者角色特质差异有关。这些差异主要表现在:成就与归属、普遍性与特殊性、特定性与扩散性、中性情感与感性、专业支配的优势与无力感等几方面。

首先,从专业人员与家长的成就与归属的特质差异看,专业人员的身份地位是获取,而残障儿童家长的身份却是归属。专业人员的角色决定他们在工作上是自由、追求事业的成功,获取回报,而不会整天被残障儿童的问题所困扰。残障儿童家长对自己的身份是无奈的,他们有了特殊儿童,就自然成为其家长,需要去照顾特殊儿童,甚至是用一生的时间在照顾特殊儿童。因此,专业人员与家长在对待残障儿童的教育与服务的态度和看法上就会有所不同,并产生冲突。

其次,从专业人员与家长的普遍性与特殊性的特质差异看,专业人员关心的是某一问题的所有个案,而家长只关心他们自己的孩子这一个案。专业人员的普遍性取向反映在临床工作上,习惯以同样的方式去对待所有的个案,会忽视个案的独特情况。同样,专业人员也可能以此普遍性原则去对待某一类型问题的所有家长。然而,家长却讨厌普遍性的处理方式,他们认为自己的孩子是最重要的,应该得到特殊的照顾。

第三,从专业人员与家长的特定性与扩散性的特质差异看,专业人员采取的是临床观点,即个案在专业人员的眼里是需要服务的患者或需要教育的对象,个案只有特定的问题,至于个案在生活中或社区中所扮演的其他角色往往都会被忽略。至于家长则注意孩子所扮演的各种社会角色,如子女、同胞手足、玩伴、学生、残障儿童等,他们与子女的关系涵盖所有这些角色,具有扩散性。

第四,从专业人员与家长的中性情感与感性的特质差异看,专业人员经过训练,强调专业角色,在于家长或残障儿童的接触中不存在过多的感情牵连和情绪过度介入,以影响专业服务的效果。因此,许多专业人员尽量与家长或残障儿童保持某些情绪距离。然而,家长希望专业人员能满足他们社会、情绪上的需求。许多家长将专业人员的中性情感认为是不关心其子女的表现。

最后,从专业人员与家长的专业支配的优势与无力感的特质差异看,专业人员与家长都会想去支配与控制他们彼此的互动情况。然而,专业人员多半是支配的优势,临床工作的惯例就是支持专业人员取得这种优势。另一方面,家长则会无力感,且不满专业人员对他们生活的控制。

第三节　专业人员与家长的互动方式

一、专业人员与家长互动的原则

合作是指一种家庭成员(不仅仅指父母)和专业人员同意酌情建立在彼此的专业知识和资源上的关系,目的是直接有益于学生,同时间接有益于其他家庭成员和专业人员作决定和执行决定。

家庭/父母和专业人员合作关系有七个原则:沟通、专业能力、尊重、诚信、平等、支持和信任。没有信任,这种合作关系是非常脆弱的甚至是不存在的。信任,合作关系才是稳固并且能够得以长期维持的。

(一) 沟通

有效的合作需要专业人员进行有效的沟通。有效的沟通要求专业人员必须重视沟通的质量和数量。这里的质量是指专业人员必须积极、清楚以及尊重其沟通的对象。数量则涉及专业人员与他人交流的频率以及充分利用自身及他们的时间。专业人员与家庭成员进行沟通时，必须做到以下几个方面：友善、倾听、清楚、诚实和提供并协调信息。

1. 友善

一些专业人员错误地认为，作为一名专业人员，他们必须正式、得体，甚至在与家庭成员谈话时，需要加以控制。一项关于家庭与专业人员的研究（这一研究并不仅仅局限于特殊教育领域的相关人物）提出了专业人员是如何理解家庭成员对自己的期望以及家庭成员的实际想法。报道中家长们的表现并不像学校里的人员所想象的那样。学校人员一厢情愿地认为一种职业的、商业化的态度可以为自己赢得尊重与家长们的支持。然而，在问及家长与学校联系状况时，家长们说到，他们认为专业化只是就学校、老师、心理学家而言，他们对于学校人员过于职业化、商业化的态度，以及那种恩惠姿态或者轻视态度感到失望。家长指出在学校关系中，私人接触是一个最有效果的因素。

简单地说，私人接触就是指友善。这是帮助家长感觉舒服的最佳方式，这样便能获得许多关于孩子的信息，甚至是家长的信息。

2. 倾听

倾听实际上表达着一种接受。当你在发表自己的看法前，你应该真诚地试图理解别人。你将发现你自己处于一种倾听模式之中，你将听到家庭的语言，当你跟他人沟通时，你将把这一种家庭语言融入你的沟通中。家庭语言对你产生了影响，即使你不同意其中的某些观点。Covery 描述了有效沟通就是试图极力理解的沟通。

移情作用的沟通所包括的范围很广，它远远不止记录、反馈，甚至理解他人所说的话。在有效的沟通中，你用耳朵听，但更重要的是，你也在用眼睛和心在听。你听对方的感觉、意志、行为。你需要使用你的右脑，同时也要使用你的左脑。你的感觉、直觉。[1]

---

[1] Covey, S.R. (1990). *The Seven Habits of Highly Effective People：Resloring the Character Ethic*. New York：Fireside Simon & Schuster. 200 - 241.

当专业人员积极地去听的时候,他不需要认同还是不认同,只需要在按照对方的方式进行理解。专业人员传递对于家庭感觉和经验的兴趣、理解以及接受。专业人员也不需要同意家庭的观点,但是需要从他们的角度,而不是专业人员的角度去理解家庭的处境。

为了从家庭的角度理解他们的处境,专业人员不能做错判断。暂时不要从自己的角度,判断对或错,并且试图把自己同家庭的不同与价值观联系起来。需要时刻记住专业人员和家庭拥有相同的目的,即为孩子获得利益。

家庭希望专业人员是一个懂得移情的倾听者。专业人员拒绝倾听,会导致家长对抗的加剧。相反,具有移情作用的倾听,有助于促进对于合作的信任程度,甚至可以减少冲突。

在沟通中,专业人员有越多的移情倾听,那么,在与家庭沟通过程中,越有可能成为一个有效的倾听者。

3. 清楚

特殊教育充满了许多复杂的概念和术语。对于那些没有经过正式训练,或者拥有许多特殊教育经验的人来说,只有很少的人可以完全理解这些术语。即使是这些概念和术语反复使用,也难以完全理解。在专业人员与家庭的交流中,专业术语的简称对于彼此间的沟通产生了阻碍。例如,一个心理学家给一个阅读困难学生的家长解释评估结果:

我给了他完整的一套题,嗯,我发现,他的言语智商为115,作业智商为111,总分115。嗯,他是一个聪明的孩子。他获得了很高的分数。嗯,关于他长时记忆的信息。嗯,言语是,嗯,也,嗯,显著高于平均水平,细节注意能力强,同时,他的,嗯,拼图分数为17,嗯,非常高……以非常快的频率,因此,他的视觉流是相当的快,当然他同时也有一个好的定期控制能力,同时,也能很好地关注到社会环境。嗯,他(她已经开始细致地读她的笔记本了)拼读成绩为4.1,拼写成绩为3.5,算术成绩为3.0。如果把拼读成绩作为一个标准,把它看来100分,那么拼写成绩为95,算术成绩为90.把这些成绩成它的总成绩进行比较时就发现,这一成绩低于,嗯,你知道,他的能力。我给他做了班德视觉完形测验,他做错了6个。

他的测试年龄在7.0到7.5之间,他的实际年纪是9岁,因此,嗯,他显著低于他的,嗯,他的,嗯,年龄水平。我给他,嗯,VADS,他的,嗯,(在笔记本中搜查)交流的主题式对话和视觉—拼写模式都非常高但是,视听成绩和听—写成绩非常低,因此，嗯，不能快速转换。……我给他一些目标测试，嗯，从这些目标测试来看，他"确实"可能对测试有恐惧和担忧心理。嗯，我感觉，嗯，可能，他，嗯，如果有特别的帮助的话，将受益。在1976年的时候，他做过测试，当时他做的是韦克斯勒，他的智商有点低，总成绩为93（3或者4）。他的，嗯，总的评估结果为，他需要给予ITPA。同时，他的无意识获得、无意识联系、无意识记忆能力非常高。所以，他无意识发展得非常好。在2007年的时候，他接受了另外一次心理评估。Leiter测试的结果表明，他的智商是96。嗯，他们做出结论说，他存在一些抵触情绪影响了他的注意力。[1]

毫无疑问，家庭成员要理解这位专家的话要经历一段痛苦的时间。

许多家长学习过特殊教育的相关定义和术语。他们使用这些术语体系与专业人员交谈。然而，有些家庭还只是刚刚接触到特殊教育及相关术语。同家庭成员进行清晰沟通的方法是倾听并且注意他们所使用的术语。然后专业人员便可以了解他们复杂程度，这有助于专业人员成为清晰的沟通者。

4. 诚实

直接，即是诚实。许多家庭都希望专业人员诚实，即使专业人员即将告诉他们的是一个坏消息。但是，他们同样也需要专业人员的机智。机智包括，当传递家庭很抵触的消息时，要考虑到家庭成员的反应。

在家庭成员之间，一个家庭成员与一个或者多个专业人员之间发生分歧时，诚实是非常重要的。就像一位教师所指出的那样："好的沟通，实际上指的就是当你不同意他人的意见时，你以一种机智的方式把他提出来，你可以讨论这种问题。谈话还可以继续。每一个人都会留在这里，提出并且讨论问题，而不是互相攻击。没有一个人会离开。每一个人都以一种聪明的方式积极地讨论、协商，而不伤害任何人。我认为好的沟通就是指你可以说，不，我不同意这个观点，让我们进一步来讨论一下或者让我们再试试别的吧！"

诚实的另一个维度是当你确实不知道问题的答案时，要直接地告诉大家。承认你不知道问题的答案，并且承诺你当确保能通常沟通获得一个准确的答案是一种非常好的方式。

---

[1] Turnbull, A., Turnbull, R., Erwin, E. J., Soodak, L. C., & Shogren, K. A. (2011). *Families, Professionals, and Exceptionality：Positive Outcomes through Partnerships and Trust* (6[th]ed). Pearson. 152.

5. 提供并协调信息

家庭需要信息。他们特别想了解当前的服务,将来可以获得的服务,他们孩子的残障情况,拥有相似孩子的其他父母的经验,沟通资源以及法定的权利。

家长同时希望他们的孩子得到应有的尊重,比如就像一位早期教育者对待孩子那样:当孩子问她问题的时候,无论她在做什么,都会停下来,并且把孩子抱在自己的腿上,说:"媛媛,再说一次,我没有明白你说什么。你说慢一点。"教师坐在那里 5 分钟,直到她明白女孩要什么,并且会回答她。

有时候,家长对孩子的期望让专业人员很难提供相关的信息或者做出正式的决定。特别是当专业人员和家庭成员对于不同的干预方式强烈地认同或者不认同时,家庭成员将面临额外的挑战,这种挑战超越了如何培养和教育他们的孩子。这时,家庭希望专业人员能够协调信息,而不仅仅是提供这些信息。

(二) 专业能力

与残障儿童家长进行合作,专业人员和教师必须具备较强的专业能力,以提供高质量的专业服务。

首先,专业人员和教师要有合格的本科教育或研究生教育,能有足够的知识和技能对特殊儿童进行个别化的指导,以满足孩子的特殊教育需要,提供适当的支持和服务。

其次,专业人员和教师要成为一个终身学习者,继续提高自身能力。一般来说,教师都需要参加继续教育学习,掌握新的课程及教学方法。同时,为了继续学习,专业人员和教师需要从家庭获得反馈,不要具有抵触心理。不要抱有抵触心理的意思是指专业人员和教师以一种开放的态度面对别人对自己的看法观点,如果有一点点不舒服,也不要抱有保卫或者为自己辩解的心理。他们的意见可以帮助专业人员和教师提高服务能力。

最后,专业人员和教师对残障儿童抱有高期望的态度,并要求家长对残障儿童有高期望。当残障儿童的家长第一次知道自己的孩子是残障的时候,他们常常对未来充满了恐惧,他们常常假定,他们的孩子在学校无法获得充分的发展,缺乏与同伴们一样获得正常经验的机会。甚至不能获得高品质的生活。同样,许多学生也会害怕未来。家庭和学生都需要一个希望,来面对当前的问题。希望是一个拥有强大力量的驱动者,促进他们采取行动获得自身所需要的,获得他们希望的生活。为了帮助家庭和学生对自己拥有一个高的期望值,当专业人员和教师鼓励这些家庭面对现实时,自己如果充满怀疑,会限制家庭和个人的积极性、目的性以及良好的感觉。因此,专业人员和教师首先要对残障儿童充满期望,考虑残障儿童的世界以及积极的未来,并给自己积极的暗示,这是一种高期望,这种暗示可以促使人们在面对困难时更加努力。

许多障碍学生和他们的家庭,常常被专业人员告知一些虚假的、令人绝望的结论。这是经常发生的。它限制了残障儿童未来的发展,从而阻碍家长产生更多的希望。让残障儿童家长充满希望。当专业人员和教师与家庭就对残障儿童的期望进行沟通,并发展他们的期望值,提高他们的期望值。当人们对他们的未来充满希望时,他们才更有可能更加努力地实现他们的目标。

阅读

一位教师与家长的沟通经验[①]

在我执教生涯的第一年,我拥有非常多失败的经验。我将与你分享在这一年我所学习到的最重要的事情:专业能力是鼓励他人的一门哲学。就像我尊重我自己的经验一样,我现在认识到只有你信任自己的能力,同时还是一个自信的决策者,你才有可能拥有专业能力。我们学生的成功很大程度上依赖于作为教师的我们的成功。作为教师,我认为,那种能够影响同事以及学生的父母的老师才是有能力的老师。

作为一名刚刚从事教师工作的人员,我的学生中有一些孩子拥有轻度障碍。开始的时候,我很内疚,我从来没有听说过这些残疾。许多问题和想法在我的脑海里回荡。也许,当我还是学生的,我学得还不够。为什么我从来没有听说过这些残疾?家长们会认为我不足以教他们的孩子吗?承认我的不足,是我做的第一步。我发现这样做非常对。家长们对我的担心一点不在意。我并没有因为我的无知而被责备,而且很多时间,家长也在时刻地研究他的孩子。他们很感激我的诚实,并且愿意同我分享他们孩子的相关信息以及当他们不知道应该怎么做时,他们的沮丧。

我觉得对于我来说,要对所有残疾都有一个完整的了解是不太现实的。我的教育只是教给我最基本的最好的教育实践,它并不能够教会我所有教育问题的处理方式。是我继续我的学习之旅的时候了,这样,我可以更好地服务我所教的学生。作为一名专业人员,当我在学习的时候,我应该感觉到平静。当我与专家、同事、家长分享我的知识时,我很有自信。然而,最重要的是家长们给我的感受——他们肯定我的判断以及我的教育经

① Turnbull, A., Turnbull, R., Erwin, E. J., Soodak, L. C., & Shogren, K. A. (2011). *Families, Professionals, and Exceptionality: Positive Outcomes through Partnerships and Trust* (6th ed). Pearson. 144.

验,尽管我对于他们孩子具有的残疾类型并不是十分了解。我认为,这很大一部分是由于我表现出来的自信。

看起来,我和家长们建立的关系要比我和专家们建立关系要容易很多。当与父母交谈时,我觉得特别舒服,而且,我发现自己也开始支持我所有的学生,尽管有时候,这样的关系对我和同事的关系有着一定程度的负面影响。我把学生当成我的孩子,我所有的希望、目标以及梦想都与这些孩子的父母联系在一起。尽管有一些负面结果的研究报告,特别是关于自闭症时,但是,我从来不放弃我心里的希望。然而,正是由于我这种让我有试新做法的乐观及善意却遭到了同事们的质疑。在那时候,我觉得我自己为了我能那么做而不停地与同事交流,而另外一些时候,我又觉得我改变了同事们的工作方式。在这个时候,我们的关注点就不再是如何为孩子创造最好的教育效果,而是关注于某种理论的某种观点。这样的情形形象地解释了专业能力是如何的复杂。专业能力不仅仅包括你对于该领域的了解,同时还包括你如何处理同事关系。在工作的时候,我必须运用我的交往技巧、专业能力以及耐心以此来保证我的工作团队是有效的并且值得尊敬的。

通过学习,许多人迅速地获得了一些专业能力,但是,这些还不足够。专业能力同样包括你如何看待自己以及你给其他专业人员塑造的印象。有时候,我认为,我们被数不清的专业能力辅导班误导,以至于我们忘记了提高我们专业能力最简单的方法是提高我们的自信心、愿望以及周围人的愿望。我们还有许多方式值得改进,即使是向你的合作人员微笑这么简单的事情。需要知道,提高专业能力是日复一日的事情。以我自己为例,最重要的一条学习经验就是把自己的学术能力的提高与自己的个人发展联系在一起。最聪明的做法是,不要从书本上学习一切知识。

(三) 尊重

在合作关系中,尊重是指以尊敬的目光注视别人,在交流中尊重对方的用词和行为。一个尊敬他人的专业人员应该尊重各自的文化差异、确定残障儿童家庭的实力以及礼遇残障儿童及其家庭。

首先,专业人员在与残障儿童家长合作时,要关注该家庭的民族、信仰以及家庭文化,因为不同的民族、不同的信仰、不同的价值观对于同一问题有着不同的理解和认识。因此,专业人员要考虑到文化多样性的问题,以及个人喜好的问题,以促进自己与家庭的合作。

其次,专业人员在与残障儿童家长合作时,要肯定他们的能力。许多家庭发现与他们及他们的特殊儿童一起工作的专业人员,只看到家长或者孩子的缺陷,而没看到他们的能力。许多家庭已经习惯于从专业人员口里听到关于他们孩子的坏消息。这些消息,强调他们孩子的不足,致使家长感到难过、灰心,产生防卫心理。这些感觉阻碍了家长与专业人员的有效沟通。父母希望听到那些关于他们孩子的能力以及其他积极方面的消息。

肯定学生的能力很重要。同样肯定家庭的能力也非常重要。曾有一段时间,家庭被视为造成学生问题的根源。实际上,许多专家到现在还持这种观点。很有可能将要合作的家庭已经历常常由于他们孩子的障碍而被责备的事情。他们并不会直接告诉专业人员,但是,他们也很担心专业人员也会责备他们。

最后,专业人员要礼遇特殊儿童及其家长。礼遇特殊儿童及其家长,就是要尊重他们,肯定他们的价值,对他们充满敬意。家庭希望专业人员把他们的孩子视为一个独立的个体,而不是一个等待被诊断的人或者一个障碍人士。另一个关于礼遇特殊儿童及其家长的观点是把他们视作决定的决策者,而不是以高傲的态度对待他们。

(四)诚信

当专业人员与残障儿童家长合作时,彼此之间相互信任,会对残障儿童家长的情感需求保持敏感,并会对他们给予一定的帮助,以便进一步发展双方的关系。

首先,残障儿童家长因为家庭中有特殊儿童,他们在情感上需要支持。在面对专业人员的服务和帮助时,家长可能最先想获得的是专业人员给予的情感支持。如一个家长叙述了孩子的教师给予的情感支持:"我不需要在孩子老师的面前伪装我的情绪,这让我真正地感觉到轻松。如果我想哭,我知道这是被允许的,我知道将以什么样的方式进行下去,是可以的。在过去与老师的关系中,我总可以感觉到,老师们希望我保持沉默,当我听到坏的消息时,我应该保持客观。我不能抛开我的情感独立存在。我很高兴我终于找到了一个老师,他可以让我表达自己最真实的情感。"有非常多的途径可以让专业人员对于家庭的情感需要保持敏感。这些技巧包括:移情式倾听、让这个家庭同其他拥有同样情感问题的家庭联系。

其次,专业人员容易让残障儿童家长接近。残障儿童家长要容易联系到专业人员,以获得相应的帮助。家长通常表彰那些可以获得指导及谈话时间的专业人员。一位家长这样描述可以接近的教育者:"在这里,教师并不是那种只有8点30到2点30工作的人员。他们深入到孩子们的生活及教育中去。他们对孩子们的教育感兴趣,但是并不仅仅局限于这些。与其他老师不同,当家庭成员需要他的时候,他也愿意提供帮助。"

（五）平等

平等的产生是有条件的，那就是家长和专业人员都要觉得自己在影响残障儿童的教育方面是有平等权利的。只有当每个人都公平地对待他人时，大家才会感觉到平等。要想建立平等的关系，专业人员应该做到放权、培养能力和提供选择等。

首先，在家庭—专业人员的合作关系中，专业人员处上位，而家庭处于下位。专业人员与家长的良好合作关系建立在真诚的合作基础之上。权力的许多形式都会明显地影响合作关系中的平等。专业人员在合作时需要考虑这两种形式，即集权和分享权力。

在集权形式的合作关系中，一个显著特征就是，专业人员控制着作决定，而不是家庭。这些关系都反映了明显的等级制度。集权式合作关系最主要的一个结果就是导致家庭和专家之间的冲突。对于专业人士以一种高姿态来联系家长，他们会非常生气。而且，生气之后会产生冲突，他们之间的合作便不能存在，从而解决问题。在集权式的合作关系中，特殊儿童和其家庭最终会经历由于错误决定导致的结果。专业人员会强迫家长接受他们的专业意见。

与集权相反的是放权。放权式的合作关系是水平的，而不是垂直式的。专业人员和家庭成员都分享他们的才能、时间、资源，由此带来的效应比每个部分简单叠加起来的效应还要大。当专业人员和残障儿童家长都为一个共同目标奋斗的时候，巨大的能量便产生了，每一个人的力量都成小组力量的一个有机组成部分。小组成员的每一份努力都极其明显地促进每个人和小组的目的性。有一位家长是这样描述合力下的权力分散式的合作："这非常地神奇，这绝对是件好事。这样做不仅仅会带来好处及服务，同时，我们所干预的所有对象都到了一个全新的地方。这个地方所有人都是互相联系的，我们以同样的步伐前行。没有人是全部按照他们自己的路子走的。所有人都在这里，在这里，你把它们（集中起来），在这里，你可以付出，也可以得到。"

在放权时，也不要给残障儿童家长太多权力。不然，他们可能会觉得这些权力超过了他们的时间、精力，或者希望掌握权力的范围。这时候，权力对他们来说便变成了义务。另外一位母亲阐述了平等关系不可思议的重要性："开始的时候，我只是这个系统里面微不足道的一个人。但是，随着时间的推进，我渐渐发现，我在更多的时候成为一个领导者。这困扰着我。我并不希望成为领导者。我渴望一个平等的关系。"

支持同伴：好处以及坏处[1]

当问 Hortense Walker 关于家庭、家庭结构因素以及与作为一名联系者与家庭的联系的相关问题时，我们最好询问与她和她的家庭一起合作的最有效的以及最无效的专业人员都拥有哪些特征。

他们都是早期干预中 Eric 的老师。在 Eric18 个月以前，Marlene 来到 Walker 家，她很快受到全家人的欢迎，并且由此与 Hortense 建立了联系。

为什么她受欢迎？Marlen 并不强迫 Walker 接受 Marlen 的想法，也不是由于她对 Eric 的兴趣。Marlen 只是告诉了她们早期干预对 Eric 有帮助，同时也可以帮助到 Hortense 全家，然后再让 Hortense 决定，要不要参与到这里面来。她给了 Hortense 决定让 Eric 参与早期干预的理由。她告诉 Hortense 全家，她们有做决定的权力。那么她是如何建立联系的呢？她考虑到了全家人，坚持她的拜访，同时鼓励 Hortense 以及她的丈夫 Michael 向她咨询她们不敢问的问题，询问有关 Eric 以及对其家庭产生的影响的相关问题。

"我们把 Marlen 当作能帮我们实现整个家庭需求的首要目标的人。她强调了干预程序对 Eric 及我们全家带来的积极影响。我们不停地在占用她的时间和她的知识。我们非常感激她，她也非常感激我们，这些都让一切变得与众不同。"

在很大程度上，Marlene 拥有这样的一种意义：她把自己当作是一种资源，并且她的确也这么做了。所以她有机会与家庭建立联系。很明显，通过她提供的知识与在提供帮助时所展现出来的礼节，她让人看起来是一个值得依赖的人。

相反，最没有效果的专业人员，是一个宗教服务中心的社会工作者。他从来没有问过 Hortense 和 Michael 的需要。"Eric 还非常小，扔掉了所有他讨厌的，同时非常瘦而且从来不睡觉。我需要整体工作，在晚上的时候，我却只能睡一个小时。"Hortense 反映，这位社会工作者仅仅来过 Hortense 家一次，而且从来不问 Hortense 是否需要暂停。他认为只有那些比 Eric 伴有更严重问题的孩子才能延期。

然而，在 Hortense 的观念里，Eric 还只是一个孩子，他只有轻度的残疾。

社会工作这样做会有什么样的结果？Hortense 说："我成长在一个尊重专家的家里。我由外婆和大姐抚养长大。我的母亲在我出生的那天死去了。我是家里最小的一个。我最大的姐姐比我大 20 岁。他们教我要尊重医生和老师，并且照他们所说的那样做。"

---

[1] Turnbull, A., Turnbull, R., Erwin, E.J., Soodak, L.C., & Shogren, K.A. (2006) *Families, Professionals, and Exceptionality：Positive Outcomes through Partnerships and Trust* (5th ed). Pearson. 150.

> 现在 Hortense 总是很仔细地询问任何人，并且不让任何人轻易地接触她以及她的家庭。
>
> 没有必要每个人都仔细询问，毕竟 Marlene 承认了 Hortense 以及丈夫的能力。通过这样做，她给这个家庭创造了完全不一样的生活方式。同时，他们也接受了许多干预。

其次，培养残障儿童家长的能力。当专业人员成为家庭的合作者时，赢得他们的信任，将成为他们能力的代言人。但同时专业人员也是自己能力的代言人，了解什么才是自己想要的。为了建立自己的能力，第一步应该是建立自我效能感，并且持续扩展自己的能力。

自我效能与专业人员对于自己能力的信任有关。人们通常会避免那些他们感觉到他们不会成功的事情或场所。当他们认为自己对于某一活动或者场面有影响时，他会参与这些活动。自我效能感的核心是相信自己的影响力。培养家庭的能力时，这也是一个技巧。拥有高的自我效能感的教师总会有一种倾向，那就是鼓励家庭相信他们自己的能力，教师鼓励家庭的自我效能感。接着，鼓励教师自我效能感的进一步提高。家庭与教师之间的相互关系促进所有人能力的提高。

在行动中，另外一个关键是要持之以恒。持之以恒要求专业人员必须顽强。当专业人员最初的努力并没有立即产生期望的结果时，它会让自己产生放弃的念头。家庭与专业人员在获得期望的结果前，都要经历许多的尝试及错误。坚持就是在找到问题的最后解决方法前，决不放弃。

当残障儿童家长拥有更强的能力时，他们越容易感觉到自己跟他人是平等的。每一个人都可以解决挑战，影响结果，并且参加到残障儿童教育方案的制定中去。

最后是给残障儿童家长提供选择。专业人员并不总是又快又容易地找问题的解决方法。大家对于挑战性处理不具应变能力。专业人员对于挑战性的反应要灵活且富有创造力。一种新的解决方法就是一种尝试的理由。专业人员的敬业表现在他们不允许自己的思维被禁锢。他们抓住挑战的复杂性以及挑战性行为发生的环境，提供了非常多具有灵活性及创造性的选择。对于家庭来说，拥有许多选择，而不是只有一个选择，更容易实现平等。拥有选择权的人往往更有力量。

（六）支持

支持，就是专业人员要大声地说出来，并且采取行动，获得结果。问题将带来支持,它确定解决问题可以获得的资源,以及采取的行动。要想成为一个有效的支持者和合作伙伴,专业人员要做好预防、记录存档、组成联盟获得双赢等工作。

在美国,一项基于 500 名全国特殊教育需要儿童家长的随机调查显示:当谈及在高中之后,为孩子在真实世界的生活所做准备时,45％的家庭认为孩子的特殊教育团队是失败的或者说是需要改进的;当谈及学习障碍的相关资源的问题时,35％的家长认为孩子的特殊教育团队是失败的或者说是需要改进的;35％的家长认为满足儿童特殊教育需要的服务让人失望;30％的人相信,在给予他们孩子所需的帮助和教育上现在他们孩子的学校都在作着一些肤浅无用的工作。这样的调查显示了专业人员自身在倡导和行动上没有保持一致的结论。一个有效的合作是寻求去预防问题的出现;只有当这种预防失效了,那些倡导者才不得不去尝试补救那些对学生正常权益的违背或者去解决问题。

作为专业人员,在很多情况下有机会去推卸责任,但是也有机会去承担起这个责任。这些作为倡导者的专业人员,作为残障儿童和家庭的合作伙伴,比其他任何人都不应该去推卸或逃避这个责任。专业人员在与残障儿童家长合作时,要对产生的问题有一定的预见并给出预防措施。

其次是对合作的问题进行档案收集。有效的支持需要专业人员对问题、残障儿童、家庭的本象有一个清晰、细致的描述。除了用通俗的方法对问题进行描述,专业人员还需要对它的本质进行查证,做好详细记录并存档。文档的记录与存档步骤是,细化和文档描述问题的提示;观察那些看上去造成问题产生的和对问题解决有帮助的人的行为方式;总结保留数据用来揭示问题产生的类型和频率;对你所观察到的东西,采访的学生、家人、同事进行记录,以及记录你们之间的谈话,并把这些记录补充到你的数据表中。

最后,专业人员要与残障儿童家长结成联盟,从而获得双赢。在合作的环境下,专业人员着重强调双赢关系的建立;每个人根据自己在问题中的利益关系都有一种通过特殊方法取得成功的方式。双赢原则则是使每个人满意;它凝结着合作。它的反面就是赢和输的状态,这与合作原则强烈相悖。双赢方法包含了着眼于利用沟通技巧来避免、控制、和平解决冲突的程序。沟通能得到双赢的结果,并且越早出现双赢结果,最终的结果越能使各方得到满足。

(七) 信任

有效合作伙伴关系的最后一个原则是信任。信任就是对他人的可靠性、判断、承诺及行为有信心,认为他人所做的一切对自身都是有利的,而不会伤害到自己。

当个体确信他人的行为都是为了维护他的利益,并以实际行动履行自己的承诺时,两者之间的信任便产生了。专业人员要让残障儿童家长信任,要做到以下四方面的内容,即可靠、判断要全面、保密及相信自己。

首先,专业人员要表现出可靠的品质。当专业人员做到自己所承诺的事情时可靠这个词才能出现,这意味着专业人员要信守承诺。当专业人员可靠的时候,残障儿童家长会倾向于依赖你。一位特殊儿童的家长这样说道:"如果你告诉我你要做什么事情,那就去做……不要告诉我你说要做什么事情但是却没有做,也不要告诉我你没做的事情说做过了——就是不要告诉我一个假的事情。"要变得可靠,专业人员必须使自己的言行一致、言出必行。

其次,专业人员要有判断全面的能力。专业人员要在无数的场合中做判断。家庭成员会信任专业人员,是因为他们能够在课程、教学、评估、纪律、社会关系以及安全方面能够信任你的判断。家长们通常坚信自己接触的教育者是专家,但是当他们信任这些专家时,却得到令人不满意的结果,他们会有被骗或被背叛的感觉。一位自闭症孩子的家长描述了以下情况:"所以,对我们来说那敲醒了一个警钟,因为我本人特别相信学校体制并且我对这些孩子也是一点办法也没有,所以我选择相信学校。他们了解这些孩子,他们知道什么是对这些孩子最好的,但是不幸的是结果并不理想。"

全面的判断包括专业胜任力。当专业人员展示了自己知道如何提供科学的教学并且知道如何用科学的方式提供积极的行为支持,残障儿童家长才更可能相信专业人员。

第三,专业人员对残障儿童及其家庭的信息要保密。一个残障学生的记录存储着高度敏感的信息。通常家长只有在他们明白或者确保专业人员对信息能够保密或不与其他专家分享时才会把信息分享给你。

专业人员与残障儿童家长建立信任最好的方式就是把学生和家庭的机密信息当作任何讨论中绝对的禁区。只有当残障儿童及其家庭信息对其教育决策有帮助时,专业人员才可以在征得家长同意后在团队会议中分享学生个体的信息。

最后,专业人员与残障儿童家长的合作中要信任自己。信任自己意味着:对自己的信任性、判断、话语以及行动有信心;知道自己有能力关心并不伤害其他相信自己的人;知道自己将能做出最大有利于信任自己的行为,并且将尽最大努力去遵守自己的诺言。

信任自己与自我效能感是联系在一起的。自我效能感指的是相信自己组织的能力以及成功实施行动的能力。总体来说,自我效能感影响着专业人员设置的期望、坚持达成目标的程度以及超越的风险精神。专业人员的自我效能感将会影响他在多大程度上相信自己能否成功地实施与七个合作关系原则(沟通、专业能力、尊重、诚信、平等、支持以及信任)相关的合作实践方式。当专业人员为每一种合作实践方式发展自己的能力时,并且对自己的技能增加了自信,他将更相信自己能够形成成功的合作伙伴关系。

信任作为有效合作伙伴关系的里程碑,阐释合作关系原则的关键。六个其他合作关系原则影响残障家长对专业人员的信任程度。因此,当专业人员以一种开放并且诚实的方式进行交换信息时能建立信任;当专业人员擅长为残障儿童提供高质量的教育并且为家庭提供高质量的合作关系时能建立信任;当专业人员尊重别人并且尊重他们的文化价值观时能建立信任;当专业人员超越满足对于残障儿童和家长的需要时能建立信任;当专业人员与家庭分享权力时能建立信任;当残障儿童和家庭遭遇不公正的待遇时专业人员努力寻求双赢策略时能建立信任。专业人员要建立信任就必须满足另外六个原则,因为每一个原则都是形成第七个原则信任的因素。

二、专业人员与家长的沟通策略

家庭和专业人员交流的时候越仔细和具有建设性,互动就会越加成功,也就越容易形成信任的氛围。因此,在一个多元文化背景下提炼自己的非言语交流技术是很有挑战性的,而当面对和自己文化背景不一样的家庭时,还会更加困难。比如,对于西方文化背景下的人,在交流时直视对方的眼睛是在表达认真倾听和礼貌,但是在亚洲文化里面,直视异性、年长者和权威者的眼睛则被认为是冒犯了对方。专业人员在与家庭沟通时,需要学习非言语交流和言语交流的技巧。

(一)非言语交流技术

非言语交流技术是指除了口语和书面语以外的交流技术,包括手势、表情、音量、音调、姿势以及靠近对方的程度。很多时候我们并没有意识到通过自己的非言语姿态所传递给对方的信息,如果想要增进与家庭或是其他专业人员的自然互动程度,我们就得有意识地注意非言语信息,用身体语言表达关注和倾听。

1. 身体关注

身体关注包括对接触、表情和手势等的关注,这里的接触指目光接触、身体接触和距离远近。眼睛是心灵交流的窗户,在一定的文化背景下进行适当的目光交流是在向对方表达专业人员的尊重和兴趣。

调整专业人员和残障儿童家长的身体接触距离也会传达很重要的信息。欧裔美国人在交流时彼此之间的距离大约是 21 英寸,在其他文化群体中,比如拉丁、阿拉伯和南欧地区,两人之间的身体距离会更近一些。在与有着传统文化的家庭交流时,我们需要注意观察他们之间以及他们与别人的互动,有必要时求助于那些与这类家庭成功交流过的专业人士,听取他们的建议。

另外一个重要方面是关注表情,一般说来,令人舒服的表情应当是生动的、适当微笑的、和善的以及共感的。相比之下,僵硬的表情被认为是不合适的。

手势也是应当引起注意的。同一个手势在不同的文化中有着不同的含义,有的人认为竖起大拇指和比划"V"是粗俗的表现,而有的人则认为这是在表达强烈的积极支持。

2. 倾听

倾听是有效交流中最重要的元素。不幸的是,真诚的倾听很难自然和自动产生,真诚、不分心的倾听需要勤奋的练习,还需要懂得倾听方式的不同类型。

- 忽略:不关注对方所说的所有话。
- 假装:表面上在听,实际上在想其他事情或是思考怎样做出回答。
- 选择性倾听:根据自己的精力、时间、兴趣和情绪,倾听部分话语。
- 被动注意式倾听:倾听对方说的话,但不使用言语技术,保持沉默,简单示意对方继续讲述,对于对方的话不做任何反馈交流。
- 积极倾听:积极直接的投入交流,保持鼓励的表情,做出评论,提问,甚至分享经历以持续对话。
- 共感式倾听:站在说话者的角度看问题。

家长总是希望专业人员能够做到仔细倾听,不做评判,没有先入为主的观念,正如这位家长所描述的:我觉得这些人对于所有问题都有先入为主的观念,当我想告诉他们一些事情的时候,最好是能"听我说"。

(二) 言语交流技术

虽然非言语交流技术是有效的和必须的,言语反馈对于交流同样是很重要的,言语反馈包括:进一步反馈;释义;情感反馈;提问和总结。表 6-1 列出了这些交流技巧以及运用实例。

表 6-1	口头沟通技术		例子
交流技巧以及运用实例	进一步反馈	简短鼓励	嗯,我明白了。
		重复要点	从你的谈话中看得出来,你经历了一个糟糕的夜晚。
	释义		看看我是否理解正确。
	情感反馈		听起来你情绪很低落,你觉得你的家人应该陪着你。
	提问		我怎么帮助您? 现在哪些事情进展顺利?
	总结		让我们来回顾一下,下周,我将会见职业治疗师,而你要去联系儿科专家。

1. 进一步反馈

进一步反馈表明自己正在仔细倾听,鼓励对方继续谈话和思考自我想法和感受,有两种进一步反馈的技术:第一种是轻微鼓励,是短小而鼓励性的反馈,如"哦"、"然后呢"、"嗯"、"我明白了"、"后来呢",轻微鼓励同样可以是非言语的,比如点头、表情、表达倾听和理解的姿势。第二种是言语跟随,包括重复主要观点、从家庭成员所说的话语中挑出一个单词或是短语、使用该家庭常用的语言体系。言语跟随不仅鼓励家长继续谈话,而且提醒专业人员检查自己倾听的准确性。

2. 释义

释义是指用自己的话,清楚地重复对方所表达的意思,在释义里面,专业人员重复了对方所表达的信息但并不是直接重复他的语言,尽量使用和该家庭言语习惯相似的语言,释义反馈的既可以是对方明确表达又可以是对方暗含的意思,释义的作用在于检查理解的准确性,确认自己明白了问题的关键。

释义可以梳理谈话内容,强调问题重点,表达交流兴趣以及表明自己对家长谈话内容的理解。

在释义的时候,"重新构建"可以确保专业人员能坚持积极正向的思考,当家长对于残障儿童抱有希望和目标追求时,他们会重新看待问题。比如,在进行重新构建时,把多动的儿童说成是精力充沛的,把聒噪的父母说成是充满好奇的,"重新构建"是建设性地看待问题,可以培养彼此的信任,可以使父母积极地配合干预,为干预献计献策。

3. 情感反馈

情感反馈涉及的能力有:仔细地感受对方明显的或暗藏的感情;用适合于当时

场景的音调和语言表达专业人员理解他的感受。不仅要关心残障儿童家长说了什么，还要关心他是怎么说的，在使用这个技术的时候，尝试描述家长的感受和态度，反馈要做到非常准确，以适合家庭成员的情绪状态。有意识地积累情感词汇和短语是很有用的。

情感反馈的目的是帮助家庭成员意识到自己的情绪和态度，同时也是为了确认专业人员理解了家庭成员的感受。

4. 提问

提问一般分为封闭式提问和开放式提问，在收集事实性材料时比较常用封闭式提问，对于封闭式提问的回答只需简短几个字甚至只用回答是或否，过度使用封闭式提问会使得交流像是审问，虽然封闭式提问限制了交流和收集的信息，合理的使用仍然是可行的，以下是一些适当使用封闭式提问的例子：

- 小芳第一次发病是在什么时候？
- 圆圆几岁了？
- 你方便参加十点钟的会议吗？

不像封闭式提问，开放式提问让家长分享和述说更多的东西，有的开放式提问没有任何结构，让家长说出他想说的任何东西。

有的开放式提问是有一定结构的，有一定的边界以限定谈话在预定范围之内，比如，为了让小林的行为更合适，你采取过哪些措施？开放式提问有三种常用的方式：

- 问一个问题：毛毛使用轮椅的情况怎样？
- 给一个礼貌的请求：你能说说对新的公交路线的感受吗？
- 使用插入性的问题：我对玲玲在家的如厕训练情况比较感兴趣。

开放式的问题常使用"什么"、"怎么样"，在使用"为什么"时需要小心，可能会让对方觉得你是在责备或是不满意，这可能引发负面的或攻击性的回答。

5. 总结

总结对家长述说内容做最后的重述，强调谈话过程中显著的想法和感受，虽然有点类似于释义，但总结会更长一些。总结对于回忆先前会议的重点很有用，可以汇总长而复杂的多个话题，可以帮助认识哪个话题哪个问题点是多次讨论到的。

不管是学校会议还是个别化教育计划会议，或是家访，共感式倾听、释义和总结等交流技术可以增进与会者之间的关系，专业人员可以在与家庭或其他团体成员互动时使用这些交流技巧，促使问题能圆满解决。

（三）书信、话语和技术基础上的沟通

1. 小册子沟通

很多学校发给家长的小册子概要性地说明了政策和程序但是却没有包含父母可参与的教育服务和机会的信息。如果能向家长提供一个专门针对教师负责的班级和方案的补充小册子，那是非常好的。向家长说明班级程序、班级配备、交通、报告程序和所属方案的特点。

除了考虑小册子的内容，还要考虑形式。小册子应当是简洁的、吸引人的、使用简单语言的、易于理解的，只有这样才方便阅读。

传单常常在安全交通、娱乐、讲座等领域应用，想要家长阅读传单和与专业人员建立联系，就必须使得传单的内容是有用的、可靠的和相关的。得让传单富有针对性，可以在一些适合某些特殊家庭和成员的条目后面加上星号。

2. 信件、通知和对话本沟通

书面的沟通策略是针对多个对象的，信件、通知和对话本是和家庭交流信息的策略。

对于家长，书面沟通，如学校—家庭联系本，可以有多种功能，包括让家长知道孩子在学校发生了什么事情，让家长确认孩子在学校中所参与的活动，防止疏漏的发生。家庭的特点将决定写信的频率、谁来写以及所交流的信息。

有的家庭和专业人员更喜欢对话本，因为信件和通知比较容易丢失和错投，对话本在年终报告中将提供对各次交流的记录。如果专业人员不能每天使用联系本，那可以改成一周一次或两周一次，尽可能地使用对话本与家庭交流关于残障儿童的积极信息，将负面的批评控制在最低水平，写完之后检查一下自己的口吻和内容是否会引起误会，对于敏感的信息，最好是亲自交流，给家长提问和澄清的机会。这样，既不打击孩子的自信，也表达出对家庭的尊重，这对于与家庭建立良好关系是非常重要的。

3. 电话沟通

电话沟通是很有用的方式，可以向家长提供信息和情感支持，偶尔给家庭打打电话甚至可以促进残障儿童在校的表现。因为，不是所有的家长都能够很好地使用书面信息交流，所以电话沟通是一种很好的选择。

一般说来，电话交流应该是简短的突出重点的，在亲自会谈的时候才需要较长时间的交流，电话交流也有一些缺陷，比如不能看到对方非言语信息，那就仔细地倾听，通过提问和总结来证实你的判断，在沟通之前了解家庭的方便时间段，同时

也告诉他们自己的空闲时间段,因为必要的时候家长也会主动打电话给你。如果是打给工作中的家长,那得问清楚他们是否方便,表6-2给出了电话交流的技巧。

<table>
<tr><td>

重视每条短信或留言
在打或接电话时始终确认自己
叫出对方的名字,显得对话是有针对性的
不要在电话中发表评论
询问对方接电话是否方便
打电话前确认自己要问的问题
电话中途耽搁得解释原因
在提供信息时,简短地重复要点
始终向对方提供支持和帮助
给父母时间提问
及时回话
给出确定和积极的信息
避免需要对方去挖掘的模糊信息,那是令人生气的和浪费时间的
挂电话之前,记得感谢对方

</td><td>

表6-2

电话交流
的技巧[1]

</td></tr>
</table>

专业人员主动告诉家长自己的电话,家长会感到感激,这促进了家长联系沟通的意识,他们把专业人员当作特殊儿童教育过程中的一个合作者。

使用电话的另外一种方式把每日信息录入自动电话应答中,家长可以从中了解到各种信息,比如,可以在电话语音中录入计划安排的改变信息和家庭作业信息。

4.技术性选择

基于技术的沟通有三种方式:网络、录像和录音。

使用网络沟通的情况越来越多,很多家庭乐于通过邮件做交流,建立一个邮件公告系统或者邮件体系是很方便的。但是同时得考虑那些不能上网的家庭,对于他们,专业人员需要打印和分发信息。

电子邮件的作用和其他书面沟通的作用是类似的,比较方便的是你既可以在学校也可以在家中传达信息,俄亥俄州的一所中学通过电子邮件向家长发布每周的团体会议,让家长们知道学校发生了什么。团体会议的信息由学生带回家,然后由一些志愿者家长负责把它通过电子邮件告知所有家长。如果你使用技术设备同家庭和其他专业人员沟通,那么你得考虑信息可能被其他非定期的人员获知,如果

[1] Turnbull, A., Turnbull, R., Erwin, E. J., Soodak, L. C., & Shogren, K. A. (2006). *Families, Professionals, and Exceptionality: Positive Outcomes through Partnerships and Trust* (5th ed). Pearson. 177.

涉及学生的私密信息,最好采用更加安全的沟通方式。

网页被学校和各种方案更广泛地采用,家长通过访问学校网页获得信息,有的时候家长还可以通过学校网站与其他家长进行交流。家庭可以通过网站提出思考,分享经验,计划活动,参与学校活动,表达他们的关心,提出问题,或者组织家长自己的会议和活动。

有的网站是可以让访问者在上面展开书面对话,交流是延迟的和不同步的,这使得家庭在作出反馈之前拥有时间去思考,有很多工具可以帮助我们建立网站,你也可以聘请技术人员。

网页可以以多种形式发布信息,即可向残疾儿童的家庭提供推荐的实践信息,同时利用文本和视频向家庭描述示范性的训练模式。

录像(不在电脑上使用的那种)是另外一种技术支持,它让家长知道孩子在学校做了什么事情,和在互动,是否取得进步,一项研究录像记录了 3 个幼儿班级的师生互动情况,它被证明很好地促进了老师与家长的沟通。一个老师是这么记录的:

家长非常积极,这是两年来××家庭第一次和学校有通讯联系,家长知道了我在开会时说了些什么。[1]

录像可以用于做报告,说明干预进程等,由于对读写材料信任度的降低,录像可以帮助专业人员很好地与低文化家庭做交流。另外,录像使那些白天不能来学校的家庭了解孩子在校的情况。

小型的录音设备是第三种技术基础上的沟通,这些小设备可以帮助学生、家庭和学校人员相互问候,消息和思想交流。学生可以在家接收朋友给他的消息,家长可以从老师的录音中知道学校的事情以及布置的家庭作业。与书面交流相比,录音比较快,要求也较低,而且录音设备也比较便宜,是沟通便捷的又一方式。

5. 面对面的互动

面对面沟通是专业人员与家庭交流中最常用的方式之一,我们将讨论三种方式的面对面互动:定期会议、非定期会议和小组会议。

---

[1] Fiedler, C.R., Simpson, R.L., & Clark, D.M. (2007). *Parents and Families of Children With Disabilities: Effective School-Based Support Services*. Pearson Merrill Prentice Hall. 105.

（1）定期会议

定期的会议交流有助于促进和家庭的关系,大多数学校安排定期会议和一些特殊的家庭讨论某个孩子的成长进步问题,用于初步制定关于儿童的个别教育,有的家长觉得正式会议尤其是有很多参与者的会议是恐怖的,思考一下:自己在与家庭的关系中是否存在一种"表演"的倾向? 当家庭的信仰不同于你时,你在会议参与中如何解释他们的信仰和实践? 你如何尊重他们的信仰?

组织一场会议经历三个阶段:会议前,会议中,会议后。

会议前的工作包括:通知家庭,计划议程,布置环境,如果有非英语家庭,还需要安排翻译。在这一阶段,确保合作关系得以加强的建议在表6-3中。

通知家庭
- 是否以理解性的和威胁性的口吻通知家庭会议的原因?
- 在书面通知之后,是否有电话通知以确认?
- 是否和家庭讨论过孩子是否参加会议?
- 是否和家庭讨论过他们希望什么专家以及别的重要人物参加会议?
- 是否告诉家庭会议内容以及家庭所需的准备?
- 会议的时间地点是否考虑了家庭的喜好?

计划议程
- 议程是否包含了家庭认为重要的内容?
- 会议的进程和内容安排是否灵活,是否允许插入别的内容?
- 留有适当的时间和家庭做讨论吗?
- 家庭对于书面的议程安排满意吗? 他们是否希望其他非正式形式?

布置环境
- 不是在学校,而是在家庭里、咖啡馆、社区图书馆开会议是否更好?
- 会议场所是否是保护隐私的、舒适的、光线好的和不受打扰的?
- 是否准备了所有必要的材料?
- 会议场所大小是否合适?
- 家具的安排是否体现平等性?
- 与会成员是否能方便地找到会议大楼、停车场、会议室和附近餐馆?
- 是否每个成员都方便拿到纸巾、饮料、笔记本和笔?

表6-3

确保合作关系的建议

引文出处:Turnbull, A., Turnbull, R., Erwin, E. J., Soodak, L. C., & Shogren, K. A. (2006). *Families, Professionals, and Exceptionality: Positive Outcomes through Partnerships and Trust* (5[th]ed). Pearson. 177

另外一个方法是在家庭举行会议,如果家庭认为这样方便的话。虽然家庭拜访意味着更多的打扰,但它使专业人员有机会去了解儿童的生活环境和家庭生活模式,表6-4列举了一些家访的建议,这些建议能让你的家访显得更加友好,家庭受到尊重。

表 6 - 4	在确定拜访时间之前就先和家长打个招呼
	家长做好准备之后再拜访
家访的建议①	按时家访按时离开
	当确实必要时才取消家访
	穿着合适得体
	对家长提供的食物和饮料保持敏感
	不分心
	和儿童互动
	对环境警惕,选择安全环境
	不抱怨评判家长的选择

　　会议前准备的第二个方面是准备议程。议程可以帮助专业人员做好各项准备工作,通知参加者会议的主题,使得开会的时候有一定的方向和结构。通过尊重家庭的喜好和提供多种选择方式,可以培养与家庭之间的尊重平等关系。下一步就是布置一个可以促进沟通的交流环境和气氛,最重要的两点考虑是隐私和舒适。

　　在会议前进行有效的沟通可以增进彼此的信任,对准备参加会议的家庭保持友好态度,提供清楚的信息。思考在会议前存在不恰当交流可能会导致什么后果:

　　当 Kristi 第一次为特殊教育作评估的时候,学校的社会工作者打电话说她要来家访,她没有说明家访的原因,我也没有问,我只知道社会工作者通常的家访是检验家庭能否"通过检查",我打扫了几天房屋,烤了点心,冲了咖啡、茶、柠檬水,就为了等待她的到来。真是开了个玩笑,她过来只是了解一下家庭历史,她没有检查我的房屋甚至没有吃一块点心,如果她在来之前告诉我家访的目的,那我这几天的生活将轻松很多。②

　　一旦计划完成,专业人员和家庭都在为了会议和谈话而做准备,在会议时,专业人员得关注四个方面:建立良好关系,收集信息,分享信息,进行总结。

　　良好关系的建立取决于会议中的口吻,真诚的关注和接受将有助于良好的关系,可以增加和家庭建立良好关系的机会。

　　会议中的第二个方面是收集信息,运用言语和非言语沟通技术,比如共感式倾

---

① McWilliam, R. A., Harris, K. R., & Graham, S. (2010). *Working with Families of Young Children With Special Needs*. The Guilford Press. 215 - 217.

② Berger, E. H. (2008). *Parents as Partners in Education*. *Families and Schools Working Together*. Pearson. 343.

听，采用开放式的提问以获得更多信息，如果不是很确定家长的观点，请他做出澄清或是举例，当家庭难以表达他的想法和感受时，传达专业人员的共情和支持，对于家长的想法做出反馈，巩固家庭的力量和贡献。

会议的第三个方面是分享信息，要求使用明白易懂的语言，术语的使用不利于家庭的理解，使用清楚简单的表达，有助于合作中的平等关系。

在分享信息的时候，从积极方面开始，先谈谈儿童的优点再指出家庭和教师所关心的问题，可以举一些事例使得问题比较清楚，如果专业人员的陈述是模糊的，那么停下来让家长有机会提问。讯问儿童在家里的表现，分享儿童的信息从而更好地理解儿童。尽可能地让所有人员参与信息交流，一位同时担任家长组织负责人的母亲描述了成功会议中双向交流的重要性：

家庭—学校会议最重要的目的是促进双方的交流，家长有权利发表自己的观点，有权利提出问题和得到最新的、清楚的信息。这将有利于增进双方的信任，促进好的团队合作效果。

当专业人员在做总结或是计划随后的活动时，高度总结会议的重点和随后要开展的活动，重述谁负责此项工作以及工作的截止日期，对随后的活动进行讨论并达成一致意见，确认活动的时间和地点，对会议做一个积极的总结，对家长表示感谢，提供问题和疑问出现时家长可利用的途径。

（2）非定期会议

非定期会议可以发生在任何时间和地点，家长可以在上学前、上学时和上学后非定期地到访，专业人员可能会在傍晚或是周末接到家长的电话，或者可能在一些偶然的场合遇见家长从而被问及一些问题，比如在剧院或者超市。这种情况不可避免，家长往往问及一些他们最关心的问题，所以专业人员同样可以做一些准备：

- 提前思考一下在非定期的会议中你可能会做些什么。
- 询问其他专业人员在面临非定期会议时是怎么处理的。
- 在面对非定期会议时，思考此时的讨论是开放式的还是封闭式的。
- 向家长提供可以获取信息的资源，比如其他机构、家庭和专业人员的姓名、地址和电话。
- 从学校管理者处获得建议和支持。
- 对于随时可进行的会议和会议场合保持开放态度，随机应变。

当然，专业人员可以告知家长自己的喜好，最好是在任何非定期会议还没有发生之前告诉家长，以口头和书面的形式说明自己的偏好，避免引起误会，允许家长提出疑问。在非教育环境下遇到非定期的会议时,要确保自己的解释是恰当的,比如:"我希望可以尽快尽好地解决你的问题,但是,没有充分的准备和对您孩子资料的查看,我不能草率地作出回答。"

在遇到非定期会议时使用积极交流技巧。没有积极交流技术,即使有着充分准备的专业人员也很难满足家庭的需求。

(3) 小组会议

小组会议是第三种和家长面对面的互动。大多数学校都设有见面会和开放日让家长了解学校对学生的安排和课程设置。虽然在那么大的会议中很难与每个家庭单独沟通,但是小组会议可以一次性地向多人传达信息,也可以提供家庭之间交流的机会。

小组会议需要在各个家庭都有时间的情况下进行,让家长选择小组会议的时间是定在白天还是傍晚,把地点定在可以方便家庭参与的地方,最后还要告诉家长会议的内容和程序。

专业人员和家长面对面的会议,不管是定期的、非定期的还是小组会议,都是和家长发展合作关系的重要机会,沟通中的真诚、清楚和友好,可以增进彼此关系,加强彼此信任。

积极的沟通对于稳固专业人员和家庭之间的关系非常重要,要想成为一个有效的沟通者,必须懂得反思和发展自己的互动技能,随时调整自己的社交策略以符合家庭的偏好。

积极和尊重性的互动加强了你和家庭之间沟通的有效性,当你在进行身体移动和聆听他人说话时,你向别人传达了关于自己兴趣与热情度的非言语信息,在言谈中所使用的词汇既可以培养信任和接纳,又可以阻碍家长的思考和感受,表 6－5 总结了如何使用词汇和行动来孕育积极沟通。

表 6－5 积极沟通 方法实例[①]	原则	问题情景	导致不信任的行为	孕育信任的行为
	沟通:听	你正在参加一个有家长参与的会议,家长认为他们聪明的孩子的不良表现是由于你的过错。	告诉家长他们没有监督好孩子的家庭作业,是他们的错。	耐心地听,询问他们是否愿意参加头脑风暴,一起提升孩子的教育方案。

① Turnbull, A., Turnbull, R., Erwin, E. J., Soodak, L. C., & Shogren, K. A. (2011). *Families, Professionals, and Exceptionality：Positive Outcomes through Partnerships and Trust* (6[th]ed). Pearson. 181.

续　表

原则	问题情景	导致不信任的行为	孕育信任的行为
尊重：文化差异	学校手册是英文的，而家长说拉丁语。	告诉家长他们的孩子或者朋友可以替他们翻译。	询问校长是否可以把手册翻译成拉丁文，或是找人向家长翻译。
专业能力：设立高期望	孩子每门功课挂科，而父母对孩子的失败不关心。	告诉家长你反对他们的教育方式，那只会害了孩子。	和家庭接触，找出他们教育孩子的视角和重视孩子哪些地方。
平等：提供选择	家长询问会议是否可以安排在上学前，以适合她的工作时间。	告诉家长这违背了教师联合政策。	询问家长是否方便在工作时间打电话，而不是在学校见面。
负责：对情感敏感	家庭刚刚来到一个新的社区，孩子和父母都不认识学校的任何一个人。	假设家长在第二年会主动来校，让家长自行与社区和学校沟通。	打电话给这个家庭，邀请他们来学校，安排别的家庭认识他们。
信任：守住隐私	学校领导要家长为班级报纸出资，而家长说他们没钱。	告诉他们分不到报纸，直到他们交了钱。	安排家庭以一种非资金方式为班级建设出力，告诉家庭他们的帮助就等同于捐赠，必要的情况为家庭保密。

专业人员保持自己的眼神、思想和心灵都是开放的，从而获得家长的信任，避免误会发生。家庭一般比较喜欢非正式地和频繁地与专业人员接触，询问家庭喜欢采用哪种沟通方式，如果他们喜欢，那么专业人员就得尝试这些特殊的沟通方式，包括书写、话语和技术方面的技巧，而且，专业人员还需要计划和执行面对面的沟通交流。

采用积极的策略去了解学生和他的家庭，有效的沟通就会产生，和他们分享专业人员的思考和信息，巩固彼此关系。不管在什么情况下，沟通都需要这样一些原则：平等、尊重、能力、支持、尽责和信任。

本章思考题

1. 谈谈专业人员与家长的互动对特殊儿童家庭教育的作用。
2. 哪些因素影响了专业人员与特殊儿童家长的互动？
3. 请设计一份某类特殊儿童的家访计划。

第七章　特殊儿童的家庭教育
需求与辅导

特殊儿童有着不同的类别，他们的表现也各有特点。面对特殊儿童的特有表现，家庭面临着应对的需求。本章选取了超常儿童、智力障碍儿童、视觉特殊儿童、听觉特殊儿童、肢体特殊儿童、行为异常儿童和自闭症儿童等七个类别的特殊儿童，对其家庭教育的需求与辅导进行阐述。

第一节　超常儿童家庭教育需求与辅导

一、超常儿童家庭教育的需求

超常儿童给家人既带来喜悦，也可能对家长造成压力。孩子的优异天赋预示着有良好的潜能，但需要后天的环境去培养，才可望成才。在后天的环境中，学校教育对超常儿童的发展有着很大的影响，同时，家庭所提供的成长环境、父母的教养态度以及亲子关系等与超常儿童的发展息息相关。如果由家长主导的家庭环境对超常儿童的影响不是正面的，即父母对超常儿童有不正确的认知，从而产生不当的教养态度，可能对超常儿童的发展产生负面的影响。因此，面对超常儿童，家长会产生家庭教育的需求。

超常儿童家长可能会碰到的问题以及需求主要表现在以下几方面：

第一，超常儿童家长有可能在家庭关系与教育问题上倍感压力，同时对于要在孩子身上花费多少时间、金钱与其他资源也感到左右为难。

第二，有些超常儿童家长常被有关超常的刻板印象和错误观念所困扰。这些刻板印象和错误观念的存在，也使超常儿童深受其害，而成为教育上最受忽视的少数族群。

第三，得知孩子是超常儿童，对父母而言具有极深刻的意义，也可能引发其许多个人的感受和反应。有的父母会以孩子的超常为荣，亲子关系因而形成特别亲密的依附关系;有的父母会因孩子的超常而深感焦虑,不知如何是好;有些家长也会因未能提供孩子所需的教育机会,或对超常孩子比其他孩子给予更多的关注,而有些负罪感;甚至有少数家长对孩子的特殊能力,有嫉妒、怨恨或不知不觉的敌对反应。家长各种不同的个人感受与反应,都会影响其与超常孩子的互动关系。

第四,有些家长过分强调发展孩子的"超常",可能会带来负面的结果。这类家长往往想承担超常孩子所有的教育责任,他们可能会事无巨细地安排孩子的教育活动,且全心投入。孩子在父母高度期待的压力下,可能产生诸如叛逆行为、表现焦虑、神经质的完美主义等情绪冲突与紧张的反应。

第五,家长过分强调超常孩子的智育表现,往往会造成孩子在情意与动作发展的失衡。因为认知能力的高度发展,并无法保证在情意方面也会有相同的发展水平,其结果是有些超常儿童的学业成就表现卓越,但在应对进退、社会判断与成熟度方面可能发生问题。

第六,超常儿童家长应留意孩子同胞手足间的适应问题。由于孩子之间往往会有相互比较的情形,如果在家庭中抬高某一个孩子地位的事情发生,有可能会激发其他手足有受到伤害的感受。因此,家长需要注意孩子手足间诸如沮丧、退缩、嫉妒、愤怒等反应所产生的适应问题。

因此,从超常儿童家长面临的问题可以看出,这些家长对于超常儿童家庭教育的需求主要表现在五个方面,即超常儿童教养的认知和能力(对超常孩子的期望、教养态度、教养方式)、处理家庭关系的能力(父母间对超常儿童教育问题的沟通、父母与超常儿童的互动关系、超常儿童与手足间的互动关系)、对超常概念的正确认识(超常的特质、超常儿童的发展需求)、超常教育的认识(超常儿童的评价、超常儿童的教育安置、超常教育的资源)、参与超常教育的能力(家庭的支持、超常教育方案的参与、超常教育维持)。

二、超常儿童家庭教育与辅导

面对超常儿童的家庭教育需求,专业人员要针对相应的问题提供辅导和帮助。为了能给超常儿童家庭提供有效的辅导,专业人员可以从与家长对超常儿童的共识、确立家庭教育辅导的目标以及为家长提供教养技能等三方面开展。

专业人员与超常儿童家长对超常儿童的观点可能会影响家长对家庭教育和辅导的取向。因此,专业人员与家长必须形成共识,以共同面对超常儿童的家庭教育。这个共识主要包含了以下三点内容：第一，超常儿童和普通儿童一样，都是儿童。他们在发展过程中跟其他孩子一样也可能出现情绪、社会、生理等方面的问题，只不过他们在智力的成长或特殊才能方面比较特别而已。第二，超常儿童是某一家庭、社区与文化中的一个独特的个体。对于超常儿童不能抱有刻板印象。每一个超常儿童都是独特的，包括他们的特质及其环境的互动情形在内。第三，超常儿童跟所有儿童一样也需要四类教师，即家庭教师、玩伴教师、学校教师和社区教师。超常儿童如要有较好的发展，这些不同类别的教师，特别是家庭、学校和社区教师之间需要密切的合作。

超常儿童家庭教育与辅导的目标基本上应充分反映家长的家庭教育需求，这目标主要包括以下内容：第一，提供家长与教师公开沟通的机会，让家长获得对超常概念的正确认知。如果家长遭遇教养的难题也可以获得适当的协助与支持。第二，根据孩子的个别需要以确立学校与家长彼此都能接受的教育短期目标。第三，提供家长超常教育的相关信息，比如，超常的定义与鉴定、超常教育措施、家长的权利与责任、家长的角色等，由此增进家长对超常教育的认知，从而提高他们对学校超常教育的配合度。第四，鼓励家长实际参与孩子的超常教育方案，共同为超常儿童的发展而努力。

一般而言，超常儿童家庭教育的内涵应以满足家长的需求为主。在超常儿童家长的教育与辅导需求中，教养的知识和技能是核心所在。父母对子女表现适当的教养态度将有助于超常儿童潜能的发展、健全人格的养成及适应能力的增强；反之，父母偏差的教养态度容易使儿童产生行为上的问题。同时，父母能否参与家庭教育活动与其教养态度的改变有关。缘于家长教养态度对超常儿童发展的重要性，专业人员要为超常儿童家长提供适当的教养知识和技能，主要包括发展超常儿童智能和培养超常儿童健全人格与社会适应两方面。发展超常儿童智能方面，专业人员要辅导家长为超常儿童提供丰富的信息、技巧处理儿童的问题、引导儿童培养与维持兴趣、教导儿童如何做决定、教导儿童学习方法、给予儿童弹性的自主空间及选择的自由、提供儿童发挥想象力及创造力的机会等。在培养超常儿童健全人格与社会适应方面，专业人员帮助家长认识并做到时常陪伴孩子、倾听孩子的心声、给予适当的赞美与鼓励、父母以身作则、尊重与信任孩子、培养孩子的责任感、鼓励孩子参与各种活动、培养孩子的道德判断力、教导孩子如何面对失败、培养孩子的爱心等。

第二节　智力障碍儿童家庭教育需求与辅导

一、智力障碍儿童家庭教育需求

智力障碍儿童对于其父母或其他家庭成员有着相当大的冲击。智力障碍儿童的父母承受了大部分的压力。由于智力障碍的问题对家庭的影响是多方面的,整个家庭系统都受到冲击。

智力障碍儿童对家庭的影响主要表现在:第一,家庭额外支出的负担增加。因为智障儿童在教养、医疗等方面费用的需求常常是家庭的一个大负担,会消耗许多家庭的收入。第二,家庭活动受限。智障儿童需要较多的照顾,或家长因为有了智障孩子而刻意减少社会性交往,这些都可能使智障儿童的家人缩小活动空间。第三,经常需要照顾和监督。由于智障儿童本身自制力不足,需要比正常儿童更多的照顾和监督,以避免意外情况发生。正因为这样,可能令智障儿童父母心力交瘁。第四,父母的过度保护。由于智障儿童自我照顾能力不足、父母缺乏耐性或本身因孩子的困扰而导致的自我防卫作用,往往使某些父母对智障儿童有过度保护的现象。第五,对正常同胞手足的影响。从已有的研究结果显示,智障儿童的出现对家中正常同胞手足的影响并不都是负面的,而正常同胞手足对待智障儿童的态度受父母对智障的态度和价值观的影响。

父母对出现智障儿童的反应,最典型的过程是,在最初阶段,可能会察觉孩子在成长与发展上似乎有些问题,其次是承认孩子的基本问题是智力障碍,接着便去寻求智力障碍的原因,以及寻求治疗的途径,当发现孩子根本无法治愈,最后才终于接纳孩子的智障。在这一过程中,智障儿童的父母可能会出现的反应是否认、怪罪、恐惧、罪恶感、悲伤、退缩、排斥、接纳等等。智障儿童父母对智障儿童接纳的过程,正是需要获得协助的调适过程。

从智障儿童方面看,他们也一样需要受到尊重、接纳,以及从学习或成长中获得独立、自我价值感的需要。除了与正常儿童共通的心理需要外,智障儿童由于本身特殊的身心状况,还需要独特的医疗、教育、社会福利、职业辅导等方面的需求。智障儿童只有在其需求得到合理的满足,他们才有可能得到适当的成长与发展。为满足智障儿童的需求,对他们的父母而言无疑是一种压力,也有赖外界的支持。

同时,父母也要面对智障儿童的同胞手足的需求。智障儿童的同胞手足除了具有正常儿童共通的心理需求外,智障兄弟姐妹的出现对他们是一个很大的冲击。

因为他们可能要承担照顾智障同胞手足的责任。如果智障儿童的同胞手足得不到父母的关注,那么,他们可能会出现恐惧、罪恶感、怨恨、羞怯、不安等反应。此外,智障儿童的同胞手足也需要知道有关智障的知识。因此,这些需求也会转嫁到智障儿童的父母身上。

另外,国内有一份针对北京市0—6岁智障儿童父母对残疾康复认识的调查,发现智障儿童父母对智障儿童的认识不够理想,表现在父母对早期干预的知晓度低、不知道如何开展家庭训练、对改善儿童发展迟缓状态的态度不积极等。还有一份关于轻度智障儿童父母的学习需求调查,发现这类父母的学习需要是多方面的,包括对儿童职业劳动方面进行指导、特殊儿童缺陷矫正、儿童的社会沟通和适应训练、家长寻求社会支持系统、教育儿童的生活自理、教导儿童安全问题、指导儿童青春期和性教育、父母心理适应等内容。

综上所述,智障儿童对于家庭带来的影响主要表现在两个方面,一是主观的负担,另一是客观的负担。主观的负担是因为家庭有了智障儿童而产生的情绪反应,如拒绝、惊吓、愤怒、悲伤、罪恶感、沮丧、退缩、情感矛盾、幻灭、恐惧等。而这些情绪反应会随着时间的不同而产生变化,其中失落和悲伤是长期的。客观的负担是指与智障儿童有关的问题,包括功能与活动上的限制、健康问题、行为偏差、求生问题等。这些问题可能会影响家庭关系、财务、社交与休闲生活等家庭功能。此外,客观的负担还包括智障儿童安置的决定、提供服务支持的困难、家庭因智障儿童的标记而受到的创伤等。

从智障儿童对家庭造成的冲击和负担看,父母不仅面临家庭的调适压力,而且承受重建家庭功能的责任。因此,智障儿童父母所需要的家庭教育主要包含两方面的内容,即资讯和沟通。资讯方面主要包括智力障碍问题(智障的特征、成因、预防)、教养的知识和技能(教养态度、学习辅导、生活辅导、行为辅导)、智障的教育服务信息(鉴定与评估、安置选择、个别化教育)、社会福利支持信息等。沟通方面包括两个方面,即自我了解(亲子互动、父母间互动、同胞手足间的互动)、精神支持(对父母的支持、对同胞手足的支持)。

二、智力障碍儿童家庭教育辅导

由于智障儿童父母可能具有独特的家庭教育需求,专业人员对这些父母实施家庭教育辅导时要针对他们的需求。智障儿童家庭教育辅导的实施,除了教育辅导内容反映家长的需求外,还要在教育辅导的层次与方式上有所变化,这样才能体现专业人员对智障儿童家长适当和有效的帮助。

一般而言,父母在面临家有智障儿童的情况下,可能会先后出现三种危机,一种是突然震撼的危机,这是因生出智障儿童,使父母对孩子的期望破灭;一种是个人价值的危机,这是父母因智障儿童身心特点不为其价值观所接受而产生的反应;还有一种是现实的危机,即父母深感困扰的智障儿童的教养问题。

处于不同危机阶段的智障儿童父母所需要的教育辅导是不同的。例如,在突然震撼的危机中的父母需要的是足够的资讯与支持;处于价值危机的父母,可能需要较多的咨询或心理治疗;至于面临现实危机的父母所需要的,可能是有关实际照顾智障儿童方面的帮助。因此,智障儿童父母因其问题性质的不同,所需要的家庭教育辅导的层次也是有差别的。针对智障儿童父母所承受的主观与客观的负担,专业人员对他们所采取的家庭教育辅导的策略也是不同的。针对智障儿童父母的主观问题,专业人员可以采取提供抒发感受的机会;表示同理心与提供支持;提供其他家庭成功与满意的经验;对情绪过度悲伤或沮丧的个案,可考虑转介至心理治疗的单位去接受帮助。针对智障儿童父母的客观问题,专业人员可以采取提供必要的资讯与支持;通过有效的沟通减少专业人员与家长之间的冲突与误解;协助家长能以他们自己的努力去教养所有子女;协助处理与智障有关的安置、服务资源等问题;鼓励家长积极参与智障儿童的教育。

家庭教育辅导根据家长的问题与需求的不同,有些是可以采取团体方式进行资讯的传播和经验的分享。一般家庭教育辅导的内容越具有可公开性,就越适合以团体的方式加以实施。因为除了内容具有可公开性外,还可让家长的经验进行分享,同时家长之间还可进行互动和沟通。如果家庭教育辅导的内容是具有个别或特殊性的,就应以个别的方式加以实施。个别的家庭教育辅导最常见的是教师与家长的会谈。个别的辅导,专业人员基本要提供以下服务,即重建父母对智障儿童的信心;教导父母适当的教养知识和技能;指导家长利用适当的社区服务资源等等,以此帮助智障儿童家长解决相应的问题。

第三节　视觉障碍儿童家庭教育需求与辅导

一、视觉障碍儿童家庭教育需求

父母对家中出现视障儿童的反应,与其他障碍状况一样,有着相似的心路历程。这种历程仍然是从最初的难以置信到最终的坦然接纳的调适过程。视障儿童对家庭的影响与其他残障状况有类似之处,但由于视障的程度有盲和低视力之分,出现时间又有先天和后天的区别,且父母本身是否有视障的差异。因此,视障儿童对家庭的冲击也有所不同。

一般而言,盲比低视力对儿童发展的影响大,先天视障比后天视障对儿童的学习有更不利的影响。儿童的视障程度与出现时间,不仅对儿童的发展有着直接的影响,也会间接对父母与其他家人造成不同的冲击。另外,父母因视力状况的不同对出现视障儿童的反应也是不同的。如果父母都没有视障,有的会将视障孩子送到盲校,但很少去探望;有的表面看来十分重视孩子的生活起居,但对学校要求严苛;有的凡事不让孩子参与,常以赎罪的心态去照顾孩子;若视障儿童有一丝特别杰出的表现,有的父母就会认为孩子了不得,而忽视其他方面的表现;有的接受孩子视障的事实,并教育孩子,尽量过正常的生活。如果父母是视障者,他们容易接纳自己的孩子,而孩子也较易接受自己视障的事实。如果父母有一方是视障者,他们得知自己的孩子是视障儿时还是会有遗憾。

父母因本身视力状况的不同,在面对家有视障儿童的冲击时,可能会有不同反应。这些反应所显示的教养态度对视障儿童的成长与发展有着不同程度的影响。父母在面对家有视障儿童所表现的态度不管是拒绝、过度保护、不当期待、认命或接纳,都反映出他们所需要解决的问题或需要。视障儿童父母的这些问题或需要,有些是出自心理压力所产生的适应困难,有些是对孩子视障所衍生的问题无知和无助所产生的适应困难。国内已有研究发现,视障儿童家庭教育存在的问题是,家长对视障儿童缺乏准确恰当的认知和态度、家长对视障儿童缺乏合理正确的家庭教育方式、家长文化素质偏低影响家庭教育的效果等。因此,父母面对家有视障儿童的冲击可能引发的家庭教育需求大致可以分成心理建设和视障教育与服务相关的知识和技能。视障儿童父母的心理建设需求包括获得精神支持、了解自我的教养态度、教养态度的改变、父母间对教养态度的沟通、促进亲子间良性互动关系、促进手足间良性互动关系等内容。视障儿童父母对于视障教育与服务相关的知识和技能的需求包括了解视障的特质和存在的问题、了解日常生活技能训练的要领、了解定向行走的指导要领、了解视障辅助器具的使用、了解视障教育与服务资源等内容。

二、视觉障碍儿童家庭教育辅导

对于视障儿童父母的家庭教育辅导,基本上应以先了解其确切需求为前提。

同时,视障儿童家庭教育辅导虽然以家长为对象,但并不以家长本身为限,其他家人面对视障儿童的调适情况也是需要关注的,这可成为家庭教育辅导的需求。

一般视障儿童家庭对孩子残障的压力有良好的适应时,家长就会表现出更多的正面特征,如坦然接受问题并加以解决、高度宽容、有效的沟通、资源的有效使用、家庭高度凝聚力等。而视障儿童家庭对孩子残障的压力适应不良时,家长就会表现出更多负面的特征,如将压力怪罪到某一成员身上、低容忍力、沟通不良、凝聚力差、资源利用效率差等。因此,专业人员为视障儿童家长提供家庭教育辅导,要考虑家庭对于残障压力的适应情况,然后进行针对服务。

对于视障儿童家长的家庭教育辅导方式除了团体辅导外,还可进行个别辅导,以及通过学校的简易通讯刊物方式对家长进行家庭教育辅导。

第四节　听觉障碍儿童家庭教育需求与辅导

一、听觉障碍儿童家庭教育需求

听觉障碍儿童家庭教育的需求来自于听障儿童对家庭的冲击以及其本身发展的特殊需要。就听障儿童对家庭的冲击而言,最明显的表现就是父母在最终能接纳听障孩子之前,所产生的悲伤反应,这些反应主要体现为:第一,惊吓与焦虑,这是父母在遭遇孩子被诊断为听障后的初期反应;第二,愤怒与沮丧,听障儿童家长的愤怒常因对孩子的期待破灭而引起;第三,罪恶与怨恨,有些家长知道孩子是听障后,会极力寻找听障的成因,家长的这种举动多来自于罪恶感,想推卸听障的原因,同时,家长也可能会对让他们的听障孩子产生怨恨的反应;第四,易受伤害与过度保护,当孩子的听障发生后,父母大都不愿孩子有其他不幸发生。因而,容易产生过度保护与易受伤害的反应;第五,迷惘与恐慌,家长的迷惘与恐慌并非来自于所获得的资讯太少,而是来自于资讯太多、太早,家长无从了解和选择;第六,拒绝与否认,家长对听障不知所措,表现出缺乏信心,需要相应的帮助。

耳聪家长面对听障儿童的反应更为激烈。对这些父母而言,听障的问题并非只是听力丧失,它更是一种社会性的障碍状况,剥夺了耳聪家长为人父母的喜乐。一般而言,由于耳聪父母与听障孩子间的沟通困难,双方不容易建立牢固的情感联系。这些问题使父母对听障孩子采取过度保护和事事控制的做法,以致限制了听障孩子的自主发展,并导致其显得无助或不成熟。有些听障儿童的父母本身就患有听觉障碍,这与耳聪父母有所不同。由于耳聋父母对听障和专业人员的熟悉,他们由此免于耳聪父母必须面临的适应失调的情况。因此,专业人员在考虑听障儿童父母的家庭教育需求时,父母本身是否患有听障应该列为考虑的因素。

除了对家庭的冲击外,听障儿童本身的障碍状况也会衍生出许多与说话、语言发展等相关的教育与康复的需求。这些需求只有在家长的支持下才可能获得满足。

综上所述,听障儿童家庭教育的需求基本包括以下内容:语言、沟通、说话、听力、听障的特征、听障儿童的行为管理、社会资源、听障儿童的发展等。这些需求基本属于认知和技能的范畴,因此要满足听障儿童家长的这些需求可通过提供适当的资讯而达成目标。不过父母在面对家有听障儿童的冲击时,他们所需要的不只是与听障儿童的教育与康复相关的资讯,他们更需要获得适当的精神支持,以便更好地完成家长所承担的任务。因而,合理的听障儿童家庭教育应兼顾家长在认知、情意和技能三个层面的需求,才能为家长提供有效的帮助。

二、听觉障碍儿童家庭教育辅导

听觉障碍儿童存在最根本的困难是沟通问题。由于亲子间或手足间存在沟通困难,可能会衍生出彼此间互动,以及听障孩子的行为问题。因此,如何帮助听障孩子在沟通上的发展成为父母的首要任务,也是家庭教育需要着力的方面。沟通技能的习得是一个长时间的积累过程,因而家长对听障孩子的激励和支持就显得十分重要。由此也表明家长积极参与听障子女的教育,尤其是参与早期教育活动。家长参与听障孩子的教育可以是实施家庭教育辅导的一种途径。这种家庭教育辅导的方式是在共同参与及关心听障孩子的教育过程中,通过专业人员与家长的自然交往和互动而达到的。例如,家长参与听障孩子的学前教育,不仅可以观摩教师或专业人员指导听障孩子语言发展、行为改变等方面的技巧,同时,教师或专业人员与家长可针对听障孩子的问题随时交换意见,由此可以发挥家庭教育辅导的功能。除了这种临床的家庭教育辅导外,一般传统的家庭教育辅导方式如演讲、座谈、咨询等,可以根据具体情况选择不同的辅导方式。

第五节　肢体障碍儿童家庭教育需求与辅导

一、肢体障碍儿童家庭教育需求

肢体障碍的类型很多,但无论是哪一类肢体特殊儿童,他们的共同特征是肢体动作的障碍,但也有不同特征,例如脑瘫可能附带认知、语言、视觉、听觉等方面的问题。因此,肢体特殊儿童的状况并不完全相同,他们所需的家庭教育和康复需求也会有差异。

儿童出现肢体障碍对其家庭而言是一种残酷的冲击,然而肢体特殊儿童的发展深受其父母的期望与教养态度的影响。因为儿童的障碍状况是一种客观且无法改变的事实,但家长的主观态度却能影响孩子的发展。因此,改变家长的观念与态度,是肢体特殊儿童家庭教育的主要内容。

在面对肢体障碍儿童的冲击时,大部分家长或多或少会出现诸如否认、矛盾、拒绝、愤怒、罪恶感、羞耻感、沮丧等反应。家长的这些反应与感受如果不能适当疏导,就会影响其适应,也会不利于肢体障碍孩子的发展。因此,肢体障碍儿童的家长首先产生的需要是获得适当的心理建设。这种心理建设不仅仅是消极地排解家长在面对肢体障碍孩子时所产生的负面感受与反应,还应积极地重建家长的信心,接受孩子是肢体障碍的事实,并努力去满足肢体障碍孩子的发展需求。

在满足肢体障碍儿童家长的心理建设需求后,就要为他们提供对孩子教养和发展方面的知识和技能。肢体障碍儿童家长对家庭教育的需求具有发展性,即父母面对肢体障碍孩子所显现的适应状况不同,其对家庭教育的需求也是有差异的。虽然父母在不同适应阶段所显示的家庭教育需求有所不同,但整体而言,他们对家庭教育的需求还是有共同性的,主要表现在心理建设和教育与康复资讯两个方面。心理建设方面的需求主要包括面对肢体障碍的感受和反应、自我了解和调适、教养态度对孩子的影响、有效的亲子沟通、同胞手足的沟通、教养态度的改变等内容。教育与康复资讯方面的需求主要包括肢体障碍的性质与问题、肢体障碍孩子的潜能与需要、早期教育的途径、教育与职业安置机会、生活与学习辅导方法、无障碍环境、医疗康复资源、辅助器具的使用、社会服务资源等。

二、肢体障碍儿童家庭教育辅导

针对肢体障碍儿童家长可能的家庭教育需求,专业人员要根据他们需求的性质,实施适当的教育与辅导,为家长提供他们所需要的帮助。在所有可能的家庭教育辅导途径中,提供家长咨询,并鼓励家长参与孩子的教育及康复计划,这是具体有效的方法。

提供家长咨询,无论是个别还是团体的方式,主要是针对他们的心理建设的需要。由于父母对家有肢体障碍所产生的心理调适问题,彼此之间有很大的个别差异,需要专业人员给予确切的回应和支持。因此,只有通过咨询的过程,才可能满足他们这方面的心理需求。

至于鼓励家长参与肢体障碍孩子的教育与康复计划,则可以通过在观察中学习或从做中学的途径进行辅导。通过参与肢体障碍孩子教育与康复活动,父母不仅可以认识或学到与肢体障碍相关的教育与康复的观念或技能,同时,家长与专业人员、家长与家长之间可以产生沟通和互动,而这些互动对肢体特殊儿童家长具有精神支持的作用。

第六节　行为异常儿童家庭教育需求与辅导

一、行为异常儿童家庭教育需求

儿童出现异常行为的原因往往并不相同。有的源于生物物理因素,如遗传基因、脑伤或生物化学失衡等问题;有的来自于环境因素,如家庭、学校或同辈团体的影响,源于生物物理因素的行为异常需要医学方面的协助。来自于环境因素影响的问题行为,需要学校与家庭的通力合作才能有所改善。

大多数教育人员认为积极和支持性的亲子关系,对儿童正常的情绪发展是重要的。好的父母与健全的家庭生活,将有助于儿童健康人格的发展。但一旦孩子出现了行为问题,父母的原因不能完全排除。研究者对儿童异常行为发展进行研究发现,在儿童早年生活中,有三个因素与问题行为有着密切的关系:一是母子早年的关系有严重的困扰;二是父子早年的关系有严重困扰;三是影响儿童的创伤事件。这些因素显示了亲子关系对儿童行为发展的重要性。因此,儿童出现的行为问题反映了其家庭功能的失调。改善父母的教养态度与方式,重建家庭功能与亲子关系间的良性互动关系,从而引导儿童的行为改变。这是行为异常儿童家庭教育的需求。

行为异常儿童的家庭教育需求,除了适当的教养态度与方式的培养之外,还有有效的行为改变与亲子沟通技能的习得、专业协助资源的了解、家长团体的参与及运用等教育内容。在整个行为异常儿童的家庭教育需求中,最主要的还是父母要具有健康的教养态度,如此,才能使其子女的行为健全发展。

二、行为异常儿童家庭教育辅导

对于行为异常儿童家长的家庭教育辅导,除了可以采用演讲、座谈、家庭访问等方法之外,还可以采用咨询、家长参与子女教育活动、与教师会谈等方法。

由于儿童的问题行为与父母的教养有很大的关系。因此,行为异常儿童家长的观念与行为改变成为家庭教育辅导的主要内容。美国研究者曾指出六种问题家长的类型,这些家长与子女有共同的特性,即极端抗拒他们同意去做的事。因此,对这六类家长所给予的家庭教育辅导会有所不同。

第一,具有父母身份的同胞手足。这类家庭多属于单亲家庭,特别是由母亲承担家庭生活的单亲家庭。这样的家庭,母亲可能会放弃照顾子女的角色,而扮演子女的同伴、朋友等平辈角色,以不给子女设定规范来获取子女的爱。由于家庭成员几乎没有规范或纪律的约束,儿童往往会养成许多反社会的行为。对这类家庭,专业人员可以从帮助家长寻求家庭之外的人际关系入手。同时,要让家长知道,不能以放纵来获取子女的爱。

第二,无所属的家长。这类家长不会在家中建立孩子的行为规范。他们并没有被孩子爱的需求,他们并不依附于孩子,也没有照顾孩子的使命感。这类家庭的孩子常出现偷窃的行为。无所属的家长,他们常表现不愿被打扰的态度。他们没有兴趣改变孩子的行为。这类家庭出现虐待与冷落孩子的可能性很高。这类家长很难对其实施家庭教育辅导。

第三,孩子是特殊的。有这种心态的家长常有明知该做而不做的矛盾,以致没有时间去管教孩子。这类家长常被孩子突发的异常行为搞得迷惘和受挫。许多家长可能会采取冷处理的姿态,以减少和孩子接触的机会,并降低他们自己受到的挫折和伤害。这类家长的辅导需要让他们了解正常的规范对孩子的重要性。家长如能学到改变孩子行为的技术,将有助于亲子间良好关系的增进。

第四,不知所措。这类家长可以说整天忙于生计,他们多半知道教养子女的方法,但不一定能很好地教养子女。这些家庭经常为贫穷所困,子女多长期疏于管教,可能会有一些破坏的行为。这类家长的辅导比较有利的是他们关心孩子,在一定的情况下,也愿意与专业人员合作。因此,在对家长实施教育辅导中,要为这类家庭争取必要的服务资源。

第五,完美的家长。这类家长对于如何教养子女可能见多识广,他们所谈的不是爱,就是责任,并以说理来影响孩子。他们很少设定明确的规范,但常以说教来教导孩子适当的行为。这类家庭可能会对民主与公平感到困窘,也常因子女对公平的要求而受到伤害。完美的家长不容易辅导。虽然他们看似讲理且见闻广博,但对于行为改变技能的应用有着困难。这些家长宁愿采取说理方式来改变孩子的行为。因此,让这类家长学习行为改变技巧是辅导的重点。

第六,不当归因的家长。这类家长多有高于子女年龄或能力的期待,子女所能表现的与家长高度期待之间的差距,常被这些家长视为孩子表现不佳、不努力。家长对子女的负面成见,会被孩子视为敌意。在对这类家庭辅导时,教师应要求家长列出孩子五种或十种正面的行为或特质。在辅导时,采取强调符合年龄或能力的期望,提供培养孩子良好行为的计划,这样有助于这类家长帮助孩子改变异常行为。

第七节 自闭症儿童家庭教育需求与辅导

一、自闭症儿童家庭教育需求

自闭症候群儿童是特殊教育中增长最快的一类。关于自闭症的病因,很长时间以来,人们认为是父母对儿童的情感需要的冷漠造成了自闭症。在20世纪50至60年代,Bruno Bettelheim坚持自闭症源于父母精神病理状态的观点。他认为自闭症是那些冷漠、无情的父母不能和他们的孩子建立感情纽带的后果。对于父母来说,当他们发现自己初学走路的孩子表现出令人困扰的自闭症行为特征时,责备父母的观点使这些父母在巨大的忧伤中经历着深深的内疚。但后来发现,在父母个性和自闭症之间没有因果关系。1977年,美国自闭症儿童国家协会(今天的美国自闭症协会)声明,"在儿童的心理环境方面没有已知的因素引起自闭症"。然而,许多父母仍然试图征服来自最初受责备所产生的内疚和专业人员的恐吓。

虽然引起自闭症的神经生物学机制还没有发现,但最近的研究表明,自闭症有着明显的生物学起因,如脑部发展、脑的结构和神经化学方面的异常。遗传和自闭症之间有着多种联系。但研究者仍然无法完全理解它们之间的因果联系。目前得到自闭症遗传学者认同的理论认为遗传是复杂的。这意味着多种遗传因素都可能参与其中,而这些因素的组合会使个体更容易发展成自闭症。

自闭症个体表现出社会互动缺陷、沟通缺陷和重复刻板的行为模式。此外,他们还表现出认知缺陷,有些个体还有异常的感知觉。有一项对重庆市康复机构自闭症儿童家长需求的调查发现,家长对"提供交流机会"和"语言训练"的指导需求最高,在"应付突发事件指导"、"小孩集体生活指导"、"系统家庭指导"等方面的需求也很高;极其需要政府为自闭症儿童建立医疗补助制度,还需要咨询机关提供更多信息、完善自闭症早期发现及诊断体系、专家提供咨询等等。

国外对于自闭症父母亲职压力的研究以父母为研究重点,通过与其他人群的对比进行研究。与自闭症儿童父母进行对比的研究对象包括正常儿童父母、其他特殊儿童父母以及不同严重程度的自闭症儿童父母。国外许多研究结论趋向一致,认为自闭症儿童的父母面临着较大的亲职压力。通过自闭症儿童父母与唐氏综合征儿童父母的对比研究发现,自闭症儿童父母的亲职压力高于唐氏儿童父母的亲职压力,自闭症儿童父母的亲职压力也高于身体残疾及其他发育迟缓和精神特殊儿童的父母。同时,还发现相对于智障、脑瘫或其他智力精神障碍的儿童父母,自闭症儿童的父母有更多的行为适应不良问题和感受到更高程度的压力。相对于健全儿童父母和其他残疾儿童父母,自闭症儿童父母更易遭遇抑郁、婚姻危机、社会隔绝等健康损害的问题。通过对自闭症与阿斯伯格症儿童父母的比较研究,发现并不是症状严重儿童父母的亲职压力更大,阿斯伯格症儿童父母的亲职压力明显比其他自闭症儿童父母的亲职压力更高。

因此,家长在对自闭症儿童的照料、康复等方面,面临长期的精神和物质生活的双重压力,在面对孩子的异常行为和情绪时,往往有很多的挫折感,对孩子的教养方法和技能存在很多需求,主要体现在两方面,即资讯和沟通。资讯方面主要包括自闭症的特征和预防、教养的知识和技能(教养态度、学习辅导、生活辅导、行为辅导)、自闭症的教育服务信息(鉴定与评估、安置选择、个别化教育)、社会福利支持信息(提供日常看护及家庭服务、提供咨询机会、经济补助)等。沟通方面包括两个方面,即自我了解(亲子互动、父母间互动、同胞手足间的互动)、精神支持(对父母的支持、对同胞手足的支持)。在已有的研究中也发现,自闭症儿童的家庭需要经济上的支持,以及社会给予更多的康复资源,以便自闭症儿童能得到专业康复训练。

二、自闭症儿童家庭教育辅导

自闭症儿童家长在面对自闭症孩子时,他们的表现各有所不同,主要表现为两类家长,即善于利用资源的家长和没有资源的家长。善于利用资源的家长一般都有较好的家庭经济条件,他们通过医学、教育及康复等方面的活动,积极搜集干预自闭症的资源和信息,不断寻求医学、教育方面的帮助,主动参与自闭症孩子的干预活动,甚至是主导自闭症孩子的干预。缺乏资源的家长往往家庭经济条件比较差,对于自闭症不了解,也不清楚去哪里寻求相应的帮助,只是被动等待。

面对这两类家长,专业人员必须有清晰的认识。对于善于利用资源的家长,专业人员要了解家长对自闭症的了解程度,以及对自闭症干预技能的掌握与使用情况,了解家长对自闭症孩子的期望,及已有的诊断与干预效果,然后根据家长的需求,为家长提供适合他孩子的干预方法和技能。对于缺乏资源的家长,专业人员要提供有关自闭症的知识,以及教养技能,帮助家长解决自闭症孩子的行为问题。还有针对自闭症儿童家长,专业人员要尽早向自闭症儿童家长提供早期干预的内容,帮助自闭症儿童学会交流、语言和社会性技能,使他们能成功地进入学校学习。

阅读

　　东东,男,出生于 2006 年 7 月,就读于上海市某辅读学校一年级。三岁左右由上海儿童医学中心诊断为自闭症倾向,智商为 47,此外没有其他障碍或疾病。5 岁左右在自闭症专门机构进行训练一年,主要训练项目为感觉统合训练和认知与社交,之后又在医院进行为期一年的针灸治疗,目前周末去自闭症班进行团体活动。妈妈孕期无异常状况,正常分娩,顺产,身体各项指标均正常,家族无病史。儿童的认知发展一般,但对数字概念及简单运算呈现较高的能力;语言发展迟缓,不善于表达,且吐字不清晰。社会交往能力欠缺,喜欢独处,缺乏与人主动交往的兴趣,不喜欢参与集体活动,在活动中经常乱跑。同时存在一些刻板行为,比如饭菜掉地上一定要捡起来再吃,针对这种行为家长已经采取相应的干预措施,目前情况较好。脾气较暴躁,对于不能满足的需求,就会发脾气,大哭大闹。不听从指令,经常对家长的指令不予理睬。运动能力较好,能够独自骑自行车;但精细动作较差,不能够精准地给图形着色。东东来自一个普通的三口之家,与爸爸妈妈住在一起,无祖辈亲人的照看。家庭经济条件较差。东东的爸爸 31 岁,初中学历,自由职业者,无稳定工作和经济收入;妈妈 33 岁,中专学历,从东东出生到四岁前,妈妈是主要的照料者,东东入幼儿园后,妈妈从事文员工作,照顾东东的时间相对较少,这时爸爸成为东东的主要照料者,负责接送东东上学。因此本案中对东东爸爸进行教养行为的干预。

　　根据东东爸爸妈妈报告,东东特别喜欢玩游戏,常常令他们最头疼的就是每次在地铁上或者公共场所,不能满足东东玩手机的要求,东东就大哭大闹,这样他们觉得很没面子。同时东东在家庭大哭大闹,而且声音极其刺耳,让他们和邻居受不了。但当问及每次东东出现这样的行为,他们是怎么应对的时候,他们给我的答案就是打他一顿,或者将手机没收,任其哭闹。另外,东东爸爸反应,在公共场所,比如公园、游乐场所,他们稍不留神,东东就会跑掉,而且边跑边回头看他们是否追上来,如果爸爸或妈妈没有追,他会继续往前跑,偶尔停在原处等待爸爸妈妈走过来,由于东东经常在外这样跑掉,让他们很担心东东跑丢或者被拐骗。因此,每次外出他们不得已手把手地拉着东东,不让东东离开他们的视线半步,久而久之,他们觉得这样很累,稍不留神,东东就会跑丢,精神受到极大的压力。因此,本案主要针对东东的哭闹和乱跑的问题行为的变化情况作为检测家长教养行为干预效果的指标。

本案主要通过专业人员对家长进行教养行为的指导,引导家长改变不良的教养行为,建立良好的教养行为的干预方式,以儿童问题行为的变化状况作为家长教养行为干预效果的检测指标。专业人员主要采取家长培训、现场示范或指导、电话或短信提示为主、网络四种途径对家长的教养行为进行指导和干预,通过录像拍摄记录家长教养行为的实施状况以及儿童问题行为的表现情况。其次,根据录像分析与 ABC 记录表的结果向家长反映干预的效果及干预实施过程中存在的一些问题。

专业人员首先对教师和自闭症儿童家长预访谈及观察,了解儿童和家长的基本信息,此外专业人员指导儿童填写《家长教养行为》的问卷,并且与研究对象就本研究的具体方案、内容和实施方法进行商讨。最终确定干预的具体内容是在儿童家庭中,家长的教养行为在专业人员指导下的变化情况以及儿童问题行为的相关变化情况。

干预持续时间为六个月,第一个月主要是观察,确定干预的内容和方法。中间四个月是专业人员对自闭症儿童家长进行干预,主要是对家长教养行为进行干预。干预期间,专业人员每周通过家长培训、现场示范或指导、电话或短信提示为主、网络沟通等途径告知并指导家长实施较为合理的教养策略。每周保证两次的干预时间,每次约两个小时。每次干预,拍摄两段干预情境中家长与儿童活动期间教养行为表现的视频,同时 ABC 记录家长教养行为和儿童问题行为的变化情况。活动结束后,专业人员将拍摄的录像呈现给家长,与家长共同观看,并分析家长的教养行为及儿童的问题行为。专业人员根据录像活动中出现的一些问题,与家长进行商讨,及时纠正不当的教养策略,改进干预方案,保证干预的有效性。

干预前的策略指导主要是根据儿童和家长自身的具体情况所提供的较为科学合理的教养策略。比如,因东东爸爸不能满足东东玩手机游戏的要求,东东哭闹,面对东东哭闹这种行为,东东爸爸可以转移东东对手机游戏的注意力,陪他一起做有趣的活动,用良好的行为替代东东的哭闹行为,而不是惩罚他,暂时控制他的哭闹。

现场录像主要是针对特定的情境,对家长和儿童互动间进行拍摄。比如拍摄东东从要求玩游戏到东东爸爸未能满足他的要求而哭闹,以及东东爸爸制止东东哭闹的一段录像。在拍录像的过程中,专业人员可以现场示范或者语言指导、纠正家长不恰当的教养行为。现场示范或语言指导、纠正能够更好地让家长理解掌握良好的教养行为,从而保证干预效果的有效性。

录像分析是将拍摄的录像呈现给家长,与家长共同观看。每次时间为30 分钟,一周两次。主要是根据录像分析家长的教养行为和儿童的问题行为,并根据儿童的行为表现来调整家长的教养策略和干预方案。录像分析能够及时向家长反馈干预效果及干预中存在的问题,最后专业人员与家长商讨最佳的干预策略。

最后一个月是撤掉专业人员对家长的指导,并且每周保证一定的时间去儿童家庭走访观察,拍摄家长和儿童互动的视频,填写 ABC 记录表,此外每周家长需要向专业人员提供家庭录像 2 段。专业人员根据录像了解家长行为的保持和儿童问题行为改善的状况。

本案通过家长培训、现场示范或指导、电话或短信提示为主、网络沟通等途径告知并指导家长实施较为合理的教养策略。在儿童家庭中,对家长进行教养行为干预。干预效果显示,家长粗暴的教养行为如打骂、呵斥等相对减少,良好的教养行为如社会鼓励,情感支持,沟通交流等教养行为相对增加。家长的这些教养行为在生活中也有增多的迹象。尽管在追踪期,家长不良的教养行为有所增加,良好的教养行为有所减少,但总体看,本次干预效果还是比较理想的。

本章思考题

1. 请你从超常儿童的发展特点谈谈超常儿童家庭教育的需求和辅导。

2. 以儿童发展的不同阶段为依据,设计智障儿童家庭教育的辅导方案。

3. 针对不同视障儿童家庭的特点,谈谈视障儿童家庭教育的需求。

4. 针对不同听障儿童家庭的特点,谈谈听障儿童家庭教育的辅导。

5. 谈谈自闭症儿童家庭教育的需求与辅导。

主要参考文献

1. 蔡卓倪、李敏、周成燕:《特殊儿童家庭教育社会支持情况调查分析》,《中国特殊教育》2010 年第 12 期。
2. 曹霞、邵翠霞、李勇、陈欣欣:《北京市 0—6 岁智力低下儿童父母对残疾康复认识情况分析》,《中国康复理论与实践》2010 年第 7 期。
3. 邓伟志、徐新著:《家庭社会学导论》,上海大学出版社 2006 年版。
4. 邓佐君主编:《家庭教育学》,福建教育出版社 2008 年版。
5. 何国华著:《特殊儿童亲职教育》,台湾五南图书出版公司 2004 年版。
6. 黄辛隐、张锐、邢延清:《71 例自闭症儿童的家庭需求及发展支持调查》,《中国特殊教育》2009 年第 11 期。
7. 李娟、张丽芳、李永在:《父母教育方式、社会支持对盲童孤独感的影响》,《心理科学》2002 年第 4 期。
8. 李天燕著:《家庭教育学》,复旦大学出版社 2009 年版。
9. 林云强、秦旻、张福娟:《重庆市康复机构中自闭症儿童家长需求的研究》,《中国特殊教育》2007 年第 12 期。
10. 刘振寰、谢巧玲、张勇:《孤独症儿童家长生存质量的研究》,《中国儿童保健杂志》2013 年第 4 期。
11. 缪建东主编:《家庭教育学》,高等教育出版社 2009 年版。
12. 邱举标:《盲童家庭教育的问题与对策》,《教育导刊》2003 年第 9 期。
13. 熊倪娜、杨丽、于洋等:《孤独症、肢体残疾、智力残疾儿童家庭经济负担调查》,《中国康复理论与实践》2010 年第 8 期。
14. 杨帆、兰继军:《孤独症儿童父母亲职压力研究综述》,《残疾人研究》2014 年第 2 期。
15. 张福娟、蒋骊:《弱智儿童家长的心理压力及其相关因素研究》,《心理科学》2005 年第 2 期。
16. 张福娟、曾凡林:《残障儿童家庭教育环境研究》,《心理科学》2000 年第 1 期。
17. 张海丛、刘琳:《轻度智力落后儿童父母的学习需求及其影响因素的研究》,《中国特殊教育》2006 年第 3 期。
18. Turnbull, A., Turnbull, R., Elizabeth, J. Erwin, E. J., Soodak, L. C., & Shogren, K. A. (2011). *Families, Professionals, and Exceptionality: Positive Outcomes through Partnerships and Trust* (6th ed). Pearson.
19. Blacher, J., & Baker, B. L. (2007). Positive Impact of Intellectual Disability on Families. *American Journal on Mental Retardation*, 112(5), 330 - 348.
20. Caplan, P. J., & Hall - McCorquodale, I. (1985). Mother - blaming in Major Clinical Journals. *American Journal of Orthopsychiatry*, 55(3), 345 - 353.
21. Covery, S. R. (1990). *The Seven Habits of Highly Effective People: Restoring the Character Ethic*. New York: Fireside/Simon & Schuster.

22. Fiedler, C. R. , Simpson, R. L. , & Clark, D. M. (2007). *Parents and Families of Children with Disabilities: Effective School - Based Support Services.* Pearson Merrill Prentice Hall.

23. Dunn, M. E. , Burbine, T. , & Bowers, C. A. , et al. (2001). Moderators of Stress in Parents of Children with Autism. *Community Mental Health Journal*, 37(1):39 - 52.

24. Erwin, E. J. , Brotherson, M. J. , Palmer, S. B. , Cook, C. C. , Weiger, C. J. , & Summers, J. A. (2009). How to Promote Self-determination for Young Children with Disabilities: Evidence-based Strategies for Early Childhood Practitioners and families. *Young Exceptional Children*, 12(2),27 - 37.

25. Berger, E. H. (2008). *Parents as Partners in Education: Families and Schools Working Together.* Pearson Merrill Prentice Hall.

26. Fields, S. , & Hoffman, A. (2002). Lessons Learned from Implementing the Steps to Self-determination Curriculum. *Remedial and Special Education*, 23(2),90 - 98.

27. Hill, R. (1949). *Families under Stress.* New York: Harper.

28. Hill, R. (1958). *Generic Features of Families under Stress.* Social Casework, 49,139 - 150.

29. House, J. S. (1981). *Work Stress and Social Support.* Reading, MA: Addison-Wesley Publishing Company.

30. Holroyd, K. A. , & Lazarus, R. S. (1982). Stress, Coping, and Somatic Adaptation. In Golderger, L. , & Breznitz, S. (Eds.), *Handbook of Stress: Theoretical and Clinical Aspects* (pp. 21 - 35). New York: Free Press.

31. Jackson, C. W. , Traub, R. J. , & Turnbull, A. P. (2008). Parents' Experiences with Childhood Deafness: Implications for Family-centered Services. *Communication Disorders Quarterly*, 29(2),82 - 98.

32. King, G. , Baxter, D. , Rosenbaurm, P. , Zwaigenbarum, L. , & Bates, A. (2009). Belief Systems of Families of Children with Autism Spectrum Disorders or Down Syndrome. *Focus on Autism and Other Developmental Disabilities*, 24(1),50 - 64.

33. Lazarus, C. , Evans, J. N. , Glidden, L. M. , & Flaherty, E. M. (2002). Transracial Adoption of Children with Developmental Disabilities: A Focus on Parental and Family Adjustment. *Adoption Quarterly*, 6(1),8 - 24.

34. Lin, N. , Ensel, W. , Simeone, R. , & Kuo, W. (1979). Social Support, Stressful Life Events, and Illness: A Model and Empirical Test. *Journal of Health and Social Behavior*, 20:108 -119.

35. Lin, S. (2000). Coping and Adaptation in Families of Children with Cerebral Palsy. *Exceptional Children*, 66(2),201 - 218.

36. McCubbin, H. I. , & Patterson, J. M. (1982). Family Adaptation to Crises. In McCubbin, H. I. , Cauble, A. E. , & Patterson, J. M. (Eds.). *Family Stress, Coping, and Social Support* (pp. 26 - 47). Springfield, IL: Thomas.

37. Mori, K. , Ujiie, T. , & Smith, A. , et al. (2009). Parental Stress Associated with Caring for Children with Asperger Syndrome or Autism. *Pediatrics International*, 51(3):364 - 370.

38. Olson, D. H. , McCubbin, H. I. , Barnes, H. , Larsen, A. , Muxen, M. , & Wilson, M. (1983). *Families: What Makes them Work?* Beverly Hills, CA: Sage.

39. Park, J. , Turnbull, A. P. , & Turnbull, H. R. (2002). Impacts of Poverty on Quality of Life in Families of Children with Disabilities. *Exceptional Children*, 68(2),151 - 170.

40. Patterson, J. M. (1993). The Role of Family Meanings in Adaptation to Chronic Illness and Disability. In Turnbull, A. P. , Patterson, J. M. , Behr, S. K. , Murphy, D. L. , Marquis, J.

G. , & Blue-banning, M. J. (Eds.). *Cognitive Coping , Families, and Disability* (pp. 221 - 238). Baltimore: Brookes.

41. Pisula, E. (2007). A Comparative Study of Stress Profiles in Mothers of Children with Autism and Those of Children with Down's Syndrome. *Journal of Applied Research in Intellectual Disabilities*, 20(3):274 - 278.

42. Potvin, M. C. , Prelock, P. A. , & Snider, L. (2008). Collaborating to Support Meaningful Participation in Recreational Activities of Children with Autism Spectrum Disorder. *Topics in Language Disorders*, 28(4),365 - 374.

43. McWilliam, R. A. , Hattis, K. R. , & Graham, S. (2010). *Working with Families of Young Children with Special Needs.* The Guilford Press.

44. Sarason, I. , Levine, H. , Basham, R. , & Sarason, B. (1983). Assessing Social Support: The Social Support Questionnaire. *Journal of Personality and Social Psychology*, 44: 127 - 139.

45. Singer, G. H. S. (2006). A Meta - analysis of Comparative Studies of Depression in Mothers of Children with and without Developmental Disabilities. *American Journal on Mental Retardation*, 111(3),155 - 169.

46. Smith, C. E. , Fernengel, K. , Holcroft, C. , Gerald, K. , & Marien, L. (1994). Meta-analysis of the Associations between Social Support and Health Outcomes. *Annals of Behavioral Medicine*, 16(4):352 - 362.

47. Thorin, E. , Yovanoff, F. , & Irvin, J. (1996). Dilemmas Faced by Families during Their Young Adults' Transation to Adulthood: A Brief Report. *Mental Retardation.* 34 (2), 117 - 120.

48. Turnbull, A. P. , Summers, J. A. , & Brotherson, M. J. (1986). Family Life Cycle: Theoretical and Empirical Implications and Future Directions for Families with Mentally Retarded Members. In Gallagher, J. J. , & (Ed.) Vietze P. M. , *Families of Handicapped Persons: Research , Programs, and Policy Issues* (pp. 25 - 44). Baltimore, MD: Paul H. Brookes.

49. Walsh, I. (2003). The Psychological Person: Relationship, Stress, and Coping. In L. Hutchinson (Ed.), *Dimensions of Human Behavior: Person and Environment* (2nd ed. , pp. 185 - 218). Thousand Oaks, CA: Sage.

后　记

　　党的二十大报告提出,强化特殊教育普惠发展,这一论述充分展示了党和政府对特殊儿童及其教育的高度重视。随着我国特殊教育的发展,人们不仅要关注特殊儿童的学校教育,还要关注他们的家庭教育。因为家庭是人类的需要,又是社会的细胞。社会的繁荣进步需要有和谐温馨的家庭提供支持。同时,对于特殊儿童而言,家庭是他们最初生长的场所,家庭所给予的教育将影响他们的发展。对于特殊教育教师而言,学校教育要获得成功离不开特殊儿童家庭的合作,需要特殊儿童家庭教育的辅助。因此,本教材希望通过对国内外有关著作的整合,能将特殊儿童家庭教育的内容和方法介绍给读者,使读者在日常的生活和工作中更好地理解特殊儿童家庭。

　　本书共分七章内容,包括家庭教育的基本概述;特殊儿童家庭的特点、所需支持;以及专业人员与特殊儿童家长的互动等内容的论述。在编写过程中,得到了王萍、谢安梅、朱晓晨、徐媛、何燕、杨丽娟、李莉、胡同丽、聂影等研究生的帮助;本书的出版得到了华东师范大学出版社吴海红老师的大力支持和帮助,在此一并表示衷心感谢。限于时间和编者的水平,书中难免会有疏漏和不当之处,敬请专家和读者指正。

编　者

2023 年 4 月 19 日